実務の技法シリーズ **10**

弁護士倫理の チェックポイント

著

髙中正彦

加戸茂樹

市川　充

安藤知史

吉川　愛

弘文堂

シリーズ刊行にあたって

　ひと昔は、新人・若手弁護士は、先輩弁護士による OJT によって実務を学び、成長していったものであるが、現在は残念なことに、先輩弁護士から十分な実務の指導を受ける機会を得られない弁護士や指導が短期間に終わってしまう弁護士も、かなりの数に上っているようである。そのような OJT に対する強い要望が背景にあるのであろう、弁護士実務のノウハウや留意点を叙述した新人・若手弁護士向けの実務書が実に多数刊行されている。しかし、それらを見ると、若干高度すぎる内容となっているもの、真に先輩弁護士に相談したい事柄を網羅していないもの、先輩の経験談を披露したにとどまるものなどが混在しているように思われる。

　このような状況の中、私たちは、実務を適切に処理するにあたって体得しておくべき技法を、一覧性のあるチェックポイントと簡潔かつ明快な基礎知識とともに叙述する書籍が必要とされているのではないかと考えるに至った。執筆陣には、新人・若手弁護士に接する機会が多い中堅弁護士を核とし、さらにはこれに気鋭の若手弁護士にも加わってもらった。「実務の技法シリーズ」と銘打ったこの出版企画は、弁護士が実務において直面するであろう具体的な場面を想定し、これを紛争類型ごとに分けたシリーズとなっている。本シリーズは全巻を通して、新人弁護士ノボルが身近な先輩弁護士である「兄弁」「姉弁」に対して素朴な疑問を投げかけ、先輩がこれに対して実務上のチェックポイントを指摘しながら回答していく対話から始まる。その後にチェックポイントをリスト化して掲げることを原則とし、その解説を簡潔に行うという構成となっている。このチェックリストだけを拾い読みしても、有益なヒントを得ることができるものとなっている。さらに、当該事件を処理する上での必携・必読の文献をまとめたブックガ

イドを本編に先立って設けているが、これは類書にはほとんど見られない本シリーズの大きな特色であろうと自負している。また、随所にコラム欄も置き、実務上知っておきたい豆知識や失敗しないための経験知を気楽に身につけることができるようにも工夫した。

　本シリーズは、各法律・紛争分野ごとの巻のほか、これに総論的テーマを扱う巻を加えて順次刊行していく予定である。読者の皆様には、ぜひ全巻を机上に揃え、未経験・未知の案件が舞い込んだときにも、該当する巻をすぐ手にとり、チェックポイントを確認して必要部分の解説を通読していただき、誤りのない事件処理をする一助としていただきたいと念願している。また、ベテランの弁護士の方々にも、未経験の事件のほか、自らの法律知識や実務経験の再チェックをするために本シリーズを活用していただけるならば、望外の幸せである。私たちも、実務家にとってそのように身近で有用なシリーズとなるよう、最大限の努力と工夫を続けるつもりである。絶大なご支援を心からお願いする次第である。

　　2019 年 1 月

髙中正彦

市川　充

はしがき

　「実務の技法シリーズ」では、ほとんどの新人・若手弁護士が受任するであろう8つの代表的な事件類型を取り上げ、『○○のチェックポイント』と題する入門書を刊行し、暖かいご支持をいただいた。その後、事件類型にとらわれない『裁判書類作成・尋問技術のチェックポイント』を刊行し、これまた好評をいただいている。本書は、そのような事件類型を横断する入門書の第2弾として刊行するものである。

　本書の成り立ちについていうと、私ども編著者の1人が日本弁護士連合会の「会員サポート窓口」の相談員を務めているところ、弘文堂での編集会議後の酒席で、相談の大半が弁護士倫理に関する質問なので、相談された問題点をまとめて書籍化ができないものだろうかと独白したことが発端である。幸いなことに編著者のうちの3名が『解説 弁護士職務基本規程』の執筆に関わり、さらに1名を加えた4名が各地弁護士会での倫理研修の講師を務めた経験があったため、弁護士がどのような倫理問題に直面して悩んでいるかを知ることが相当程度可能であった。そこで、まず、200の仮定の設問を持ち寄って整理し、それに答えと解説を含めて1頁に収めるという厳しい制約下で分担執筆を進めたのであった。200に及ぶ設問についてコンパクトな解説を付した新人・若手弁護士向けの弁護士倫理の入門書は、おそらく本書が嚆矢ではないかと思う。ぜひ手元に置いて疑問がわいた都度参照していただきたい。なお、できる限り多くの課題を取り上げることが新人・若手弁護士には有益ではないかとの考えを採用したため、参考文献が日弁連弁護士倫理委員会編著『解説 弁護士職務基本規程〔第3版〕』のみとなり、判例や日弁連懲戒委員会議決は一切触れることができなかった。これについては、巻頭のブックガイドを参照いただくことで、読者のご海容をお願い申し上げたい。

近時、弁護士倫理は、弁護士の自由な職務活動を制約するものである、それを成文化した弁護士職務基本規程は過度な制約をサンクションをもって押し付けるものである等の声を耳にすることがある。弁護士倫理は他人から強制されるものではなく、弁護士がその価値観や信念に基づいて自らを規律していけば十分だというのかもしれない。しかし、弁護士の職務は独善的であってはならず、市民の信頼のもとに成り立つものである。本書は、弁護士として過ちを起こさないためには何に気をつけるべきか、依頼者、ひいては社会から信頼される弁護士であるためにはどう行動すべきかを真剣に悩み真摯に考究している多くの弁護士、特に将来を担う若手弁護士のために、市民に真に信頼される弁護士であるための1つのヒントを示したいと念願して本書を送りたいと思う。

　なお、本書での叙述の内容は、新たな判例や日弁連の懲戒委員会議決の出現により変更を余儀なくされることが避けられない。私たちは、本書を常にアップ・デートしていきたいと念願しているので、お気づきの点があればぜひ弘文堂宛にお寄せいただきたい。

　終わりに、株式会社弘文堂の中村壮亮氏には、設問の整理、答えと解説のチェックなどで大変にお世話になった。ここに厚くお礼を申し上げたい。

　　2023年5月

髙中正彦

加戸茂樹

市川　充

安藤知史

吉川　愛

目次 contents

Q101：登記申請の売主と買主両方の代理 —— 117

ある会社の任意整理を受任し、社有の遊休土地を売却することになりました。債権者の代表は、登記費用を節減して配当を増やすため、私に所有権移転登記手続の代理をするよう求めています。土地の売主と買主の双方から委任を受けてもよいのですか。

Q102：中立調整役 —— 118

ある相続事件について、相続人の1人から「故人と生前から親しく交際していただき、故人も全幅の信頼を寄せていましたので、故人の遺産分割につきましては、先生に分割案を作成いただき、それに相続人全員が異議なく従うことにします」といわれました。どうしたらよいのでしょうか。

Q103：無料法律相談の相談者が当事者の事件 —— 119

無料法律相談会に行き、ある女性から離婚の相談を受けて、調停申立方法・離婚慰謝料の相場等を回答しました。その後、ある人の紹介で、離婚調停の相手方夫の代理人を依頼され、調停に代理人として出頭したところ、申立人女性から「あのときの法律相談をした弁護士ね」といわれました。どうしたらよいのでしょうか。

Q104：後から利益相反に気づいた場合 —— 120

ある男性から離婚の相談を受けて受任をしましたが、その後、同じ共同事務所に所属する弁護士が、自治体の法律相談で当該男性の妻から離婚の法律相談を受けて法的助言をしていたことが判明しました。どのように対応すべきでしょうか。

Q105：友人からの近況報告 —— 121

駅前で偶然に10年前の高校時代の同窓生に会い、居酒屋に行って呑みましたが、その同窓生は、「実は妻と離婚を考えている」というので、「そうか。よく話し合うんだな」と答えただけで別れました。その後、長く顧問を務めている会社の社長を介して、当該同窓生の妻から離婚調停申立を依頼されました。受任してよいでしょうか。

Q106：過去に受任した人を相手方とする事件 —— 122

傷害事件を起こした被告人の弁護人を務め、執行猶予付判決をもらって事件処理を終えたところ、その被告人の妻から、突如当該被告人を相手とする離婚事件を依頼されました。受任してよいのでしょうか。

II … 利益の供与 ——————— 163

Q143：事件紹介のささやき —— 163
　不動産業者から立退きを求められている老朽アパートの賃借人から、その対応を依頼されました。相手方の不動産業者は、「先生にはあとで美味しい事件をたくさん紹介したいと考えています。その代わりと言っては何ですが、立退料はこのくらいでお願いしますよ」と言ってきました。どう対応すべきでしょうか。

Q144：事件の相手方以外からの利益供与 —— 164
　破産管財人として不動産の任意売却を進めています。購入希望者が2社ありますが、条件はほとんど差がなく、どちらに売却しても問題がない状況です。1社から、「うちで買わせてもらえれば、後日、銀座で一席設けます」と言われました。そこに決めてもよいでしょうか。

Q145：相手方に対する利益供与の申込み —— 165
　多数の相続人がいる遺産分割調停事件で、1人の相続人が強硬なために調停が成立しません。相続開始から何年も経過していて辟易しているので、依頼者の相続人とも相談し、その強硬な相続人に「調停成立後に私の弁護士報酬から100万円を支払うので、調停案を了解してくれませんか」と頼んでみようと思います。問題あるでしょうか。

III … 過激表現・やりすぎ弁護 ——————— 166

Q146：相手方を非難する表現 —— 166
　交通事故事件を受任していますが、相手方本人の対応があまりに不誠実だったので、「このような重大事故を起こしておいて何ら反省がなく、まさに厚顔無恥の野獣のごとき所業というほかない」と準備書面に書いてしまいました。言い過ぎたか気になっています。

Q147：依頼者が書いた過激な準備書面 —— 167
　離婚事件の妻側代理人を務めていますが、夫側の準備書面の記載がウソばかりだといって、嘘つき、詐欺師、最低の人間等と書いてほしいといいます。やめた方がよいといっても聞かないので、「準備書面は本人の名前でも出せますから、思いの丈を書いて持ってきてください。私から裁判所に出しておきます」という方法をとったことがあります。問題ないでしょうか。

第**4**章　法律事務所の規律 —— 175

I … 共同事務所 ——————— 176

第**6**章 刑事弁護における規律 —— 205

Ⅰ … 真実義務・誠実義務 ———————— 206

Ⅱ … 刑事弁護の心構え ———————————— 210

VI … 事件記録の取扱い —————————— 227

【コラム一覧】

凡　例

1　叙述の方針

　新人・若手弁護士が職務を遂行する過程で直面する倫理問題を［**Q**］（Question）としてとりあげ、簡潔な［**A**］（Answer）と［**解説**］をしました。最後に、**Q**から学ぶ行動指針を［**Check Point**］として叙述しています。

2　法令の略記

　有斐閣版六法全書巻末の法令略語に拠ります。

3　その他の略記

　弁護士職務基本規程　　　職務基本規程
　日本弁護士連合会　　　　日弁連
　日本弁護士連合会弁護士倫理委員会編著『解説 弁護士職務基本規程〔第3版〕』（日本弁護士連合会・2017年）　　解説

4　判例・懲戒議決例・参考文献の引用

　すべての**Q**について、**A**・［解説］・［Check Point］を1頁以内に収めたためにスペースの余裕がなく、引用していません。

日本弁護士連合会弁護士倫理委員会編著
『解説 弁護士職務基本規程〔第3版〕』
（2017年）

2004年11月に制定された「弁護士職務基本規程」の解説書。すべての登録弁護士必携の解説書である。弁護士登録時には無償で1冊配布されており、登録弁護士にも改訂時に無償で1冊配布されている。弁護士職務基本規程の前文から附則まで、すべての条文の解説と関連規程が掲載されている。綱紀・懲戒に関わる委員会でもこの解説をベースに判断がされており、本書でも解説として多数引用している。

森際康友編
『法曹の倫理〔第3版〕』
（名古屋大学出版会、2019年）

法哲学者の編者による、考える法曹倫理の1冊。実務家、研究者の多様な執筆陣によって網羅的な解説がなされている。ロースクールのテキストでもあり、3版を重ねアップデートされているところも特徴。

関東弁護士会連合会「法曹倫理教育に関する委員会」編著
『弁護士が説く弁護士の押さえておくべき法曹三者の倫理』
（第一法規、2022年）

法曹の役割は何かという根本からわかりやすく法曹三者の倫理を説き起こす1冊。法曹を目指す人、法曹になって間もない人、より良い法曹を志すすべての人への熱いメッセージが込められている。

髙中正彦＝石田京子編
『新時代の弁護士倫理』
（有斐閣、2020年）

若手の弁護士が実務で直面する倫理問題につき、論文と、研究者と実務家による座談会を組み合わせ、さらには各論点について研究者と実務家それぞれからの視点によるコメントが付されており、最新の論点について理解が深められる。

日本弁護士連合会調査室編著
『**条解弁護士法〔第5版〕**』

(弘文堂、2019年)

弁護士法のコンメンタールであるが、編著が日弁連調査室であることもあって、実務的な注釈書となっている。第5版は2019年10月の出版であり、比較的新しい判例、議決例、文献などが収録されていることから、弁護士倫理に限らず、弁護士法上の問題点を検討するにあたっては必ず参照すべき書籍である。

高中正彦 = 市川充 = 川畑大輔 = 岸本史子 = 的場美友紀 =
菅沼篤志 = 奥山隆之
『**弁護士の失敗学──冷や汗が成功への鍵**』

(ぎょうせい、2014年)

実際にあった失敗やヒヤリハットの原因を分析することによって失敗を繰り返さないようにとの発想で書かれたユニークな1冊。弁護士にとっての「あるある」が満載で気軽に読めて役に立つ。

高中正彦
『**弁護士法概説〔第5版〕**』

(三省堂、2020年)

弁護士法の「概説書」ではあるが、実務上重要な問題点などについては「概説」にとどまらず詳しい解説が加えられている。弁護士法に準拠した章立てとなっているが、逐条解説とは異なり、関連する条項を体系的に整理した上で簡明に解説されているため、弁護士法の構造や全体像を理解するのに適している。

高中正彦
『**法曹倫理**』

(民事法研究会、2013年)

書名のとおり、弁護士倫理だけではなく、裁判官倫理・検察官倫理も取り上げた法曹倫理全般を対象とした解説書である。法曹倫理を学ぶためのテキストとして用いることを念頭に、200の具体的な事例が挙げられ、その事例をもとにして問題点を考察するスタイルがとられているため、法曹倫理(弁護士倫理)を実例に即して理解しやすい。

高中正彦
『**判例弁護過誤**』
（弘文堂、2011 年）

戦後の弁護過誤の裁判例を網羅的にとりあげ、分類した上で事案の概要と判旨を紹介し、コメントを加えている。失敗原因の分析に役立つことはもちろんのこと、調査をする場合に辞書としても使える 1 冊。

日本法律家協会編
『**法曹倫理**』
（商事法務、2015 年）

日本法律家協会内に法曹三者と法学者をもって組織された「法曹倫理研究会」の研究成果をまとめたものである。著名な法曹三者の筆に成る法曹共通の倫理、法曹三者固有の倫理、諸外国の法曹倫理に関する論考が収録されている。

飯村佳夫＝清水正憲＝西村健＝安木健＝印藤弘二＝桑山斉＝
髙橋司
『**弁護士倫理〔第 2 版〕**』
（慈学社出版、2014 年）

京都大学法科大学院において法曹倫理の授業を受け持った気鋭の弁護士によるコンパクトな教科書である。42 の Q を設けて弁護士倫理の諸問題を解説し、演習問題も収録している。

ロナルド・D・ロタンダ
（当山尚幸＝武田昌則＝石田京子訳）
『**第 4 版 アメリカの法曹倫理──事例解説**』
（彩流社、2015 年）

アメリカのロースクールで法曹倫理の授業を受け持つ著者が、ケースを織り交ぜながら ABA 法律家職務模範規則を解説したものである。訳者は、法科大学院で法曹倫理を担当する弁護士ないし研究者である。アメリカにおける弁護士倫理の最先端の課題を知ることができる。

リチャード・ズィトリン＝キャロル・ラングフォード
（村岡啓一訳）
『アメリカの危ないロイヤーたち──弁護士の道徳指針』
（現代人文社、2012 年）

カリフォルニア州弁護士会の弁護士倫理委員会委員長を務めた両著者が、国民から疑いと批判の目にさらされ続けているアメリカの弁護士の実像を伝え、弁護士の倫理を究明するものである。読み物としても大変に面白い。訳者は、法科大学院で法曹倫理を講ずる研究者である。

アビー・スミス＝モンロー・H・フリードマン編著
（村岡啓一監訳）
『なんで、「あんな奴ら」の弁護ができるのか？』
（現代人文社、2017 年）

「フリードマンの３つの難問」で有名な著者が編者を務めた刑事弁護人のエッセー集 "How Can You Represent Those People?" の邦訳書である。刑事弁護人に突きつけられる根源的な問に切り込む書物である。訳者は、法科大学院で法曹倫理を講ずる研究者である。

ノボル：ロースクールでは法曹倫理が必修科目でしたが、弁護士実務を全然
　　　　知らない学生だったので、今ひとつ現実感がありませんでした。司
　　　　法修習を経て実務に就き『自由と正義』の懲戒処分公告を見るよう
　　　　になって弁護士倫理の大切さを知りましたが、まだ自分には無関係
　　　　と思っているところがあります。

兄　弁：実務を続けていると、『解説弁護士職務基本規程〔第3版〕』を読む
　　　　ことが多くなるよ。万が一にも懲戒処分を受けると『自由と正義』
　　　　の懲戒処分公告に載って全国に知られることになるからね。

ノボル：どんなことに気をつければいいんですか。

姉　弁：ロースクールでもやったと思うけど、職務基本規程の条文を読むの
　　　　が基本よね。たとえば、事件紹介料の授受の禁止は、一般社会では
　　　　禁止されない弁護士倫理特有のものよね。また、守秘義務や利益相
　　　　反禁止も、ちょっとした気の緩みで違反してしまう可能性が高いも
　　　　のだと思うわ。

ノボル：友人は、弁護士は何者にも縛られずに依頼者の権利と利益を擁護す
　　　　るのが責務だから、職務基本規程なんてのは弁護士の自由な活動を
　　　　制約するから不要だといっていますが。

兄　弁：それはどうかな。弁護士が社会から信頼されるのは、職業倫理を守
　　　　って理知的な仕事をするからだと考えるね。依頼者のためなら、何
　　　　をやってもいいという訳ではないんだよ。「熱い心」と「冷静な行
　　　　動」を両立させないとね。

ノボル：多くの友人は広告を積極的に打って依頼者を拡げているので焦って
　　　　います。広告に問題があるんですか。

姉　弁：インターネットを中心に広告が盛んであることは知っているけれど、
　　　　広告業者の中には危険なものもあるわよ。

ノボル：いろいろな問題がありそうなことは分かりました。

兄　弁：あまり萎縮せずに頑張ってほしいね。

Q1: 依頼者からの独立性

　独立してすぐにクレジット会社の顧問弁護士となり、今は仕事の9割以上がこの会社からの債権回収業務です。法律事務所もこの会社の本社の1室を借りています。ただ、この会社の顧問契約を切られてしまうと仕事がなくなってしまうので、いつの間にかこの会社の指示にノーと言えない状況になってしまいました。問題あるでしょうか。

A: 弁護士は、権力等の第三者のほか、依頼者からも独立でなければなりません。依頼者にノーと言えない状態は問題があります。

〔 解 説 〕

1 依頼者からの独立　弁護士は、依頼者の権利と正当な利益の実現のために職務を行うことを使命としています（職務基本規程21条）。したがって、弁護士が権力やその他の外圧に屈服して依頼者の権利実現に躊躇してはなりません。他方で、弁護士は、依頼者の権利だけを実現すればよいというわけではなく、公共的責務を果たさなければなりません。そのために、弁護士は依頼者に従属してはならず、依頼者が違法な要求をしてきた場合には違法であることを説明し、説得することが求められます。職務基本規程20条は、「事件の受任及び処理に当たり、自由かつ独立の立場を保持するように努める」と規定し、事件処理の上でも独立であることを求めています。このように、弁護士の独立性には、依頼者からの独立性も含まれると解されています。

2 経済的独立　**Case** では、仕事の9割が1つの会社からの依頼であり、この会社の指示にノーとは言えなくなっているという状態です。弁護士がある会社のみの仕事を受任すること自体は当然許されるところですが、ノーといえないという状況にまであるとすると、弁護士の経済的な独立性が保たれておらず、問題があると言わざるを得ません。

【Check Point】

□弁護士には、特定の依頼者に依存しない経済的な独立性が求められる。

［市川充］

◀ コラム ▶ 戒告処分の本当の怖さ

　戒告の懲戒処分は、会長が「戒告する」との主文を読み上げたら
それで完結し、弁護士業務に対する制約は全くありません。「戒告
なんかをおそれて依頼者のための弁護活動を萎縮させるのは弁護士
の風上にも置けない」と豪語する弁護士もいると聞きます。しかし、
戒告処分の本当の怖さは、会長からの読み上げ後に待っているので
す。

　まずは、日弁連機関誌『自由と正義』の公告です。弁護士会から
日弁連に懲戒処分の報告があると、『自由と正義』の巻末にある懲
戒処分公告欄で事案の概要を含めて戒告処分が広く開示されます。
『自由と正義』は後ろから開く弁護士が圧倒的というほど関心の高
い記事なので、ほぼ全ての弁護士に知れ渡ります。さらに、全裁判
所、全検察庁、法学部のある全大学、全法科大学院にも送付されま
すから、そこにも知られてしまいます。公告の掲載差止めの仮処分
が申し立てられたことがありましたが、不適法却下されています。

　そして、公告よりも怖いのは、インターネットでの拡散です。
『自由と正義』は、一般の市民も閲覧できるので、懲戒処分を受け
た弁護士を批判し揶揄するネット配信がなされるのです。もちろん、
その存在を積極評価するものではありませんが、影響力は無視でき
ないものがあると聞きます。戒告処分を受けたある弁護士は、かな
りの数の事件依頼や顧問契約を解約されたし、付和雷同した誹謗中
傷の書き込みにも苦悩したと嘆息していました。

　懲戒処分公告を見ると、わずかなミスも許さないような厳しい処
分に驚くことがあります。注意の上にも注意する必要がありますが、
それが実に難しいのです。　　　　　　　　　　　　　［髙中正彦］

Q2: 独立性と裁量性

離婚事件の依頼者がかなり神経の細やかな人で、私の起案した準備書面を逐一チェックしたがります。もっぱら法律論の部分でもチェックをし、ときには修正を加えてきますが、法律専門家ではないため、的外れな場合も多いです。このような依頼者の指示に従うべきなのでしょうか。

A: 弁護士の裁量性の範囲と依頼者がチェックする目的の合理性によって判断されます。

〔 解 説 〕

1 職務の裁量性 職務基本規程 20 条は、事件の受任および処理にあたり、自由かつ独立の立場を保持することを求めていますが、この独立性に関連するものとして職務の裁量性があります。弁護士は、法律専門職として、一定の裁量をもって職務を行うことが本質です。委任契約の受任者には裁量権がありますが、弁護士の裁量性は、その高度の専門性にも支えられています。したがって、弁護士は、その専門領域に属する職務遂行については、依頼者の個別具体的な了解を逐一得なくとも裁量的に職務を行うことができると考えられます。逆に、この領域に属さないものについては依頼者の意向を確認すべきです（解説 45 頁）。

2 個別のチェック **Case** では、弁護士の裁量性からいって、準備書面等のすべての表現を依頼者にチェックさせなければならないかが問題となります。一般的には、事件の争点を法律的に構成し、それを法律的表現に落とし込むことは、弁護士の専門領域に属し、弁護士の裁量の範囲内にあります。したがって、法律論についてまで依頼者の指示を受けなければならないことにはなりません。しかし、事実関係の主張に関しては、最も事情を知っている依頼者が準備書面に間違いのないようにチェックを求めるのは合理的な理由があり、このような場合に、弁護士が依頼者の要望を無視するのは問題となり得ます。

【Check Point】
□弁護士の裁量性はその専門性に由来する。　　　　　　　　　　［市川充］

Q3: ボスからの独立性

　勤務弁護士になり3年が経過しましたが、ボス＝雇用弁護士は、私の起案に逐一手を入れ、私と考え方が違ったときには「君はボスである私の言うとおりにすればよいのだ」といって私の考えを無視し続けています。個人事件が少なく、独立もできないので、ボスの言うことに従うほかないのですが、ボスには問題がないのでしょうか。

A: ボスは共同受任者であり、イソ弁への指導があることを考慮しても、イソ弁の意見を無視するのは独立性の観点から問題です。

〔 解 説 〕

1 他の弁護士からの独立　職務基本規程20条が定める弁護士の職務の独立性は、権力等の第三者からの独立、依頼者からの独立、他の弁護士からの独立の3つから成るとされています（解説5頁）。このうち、他の弁護士からの独立とは、勤務弁護士の場合や共同事務所・弁護士法人に所属する場合に、他の弁護士に隷属することなく、自由かつ独立の存在として職務を行うことを指します。

2 雇用弁護士との関係　他の弁護士からの独立の観点からは、**Case** の雇用弁護士にはかなり問題があります。確かに、雇用弁護士も依頼者に対して各種義務を負っていますから、準備書面の作成について、勤務弁護士に任せきりにせず、意見を述べたり手を入れたりすることは当然あり得ます。問題なのは、勤務弁護士の考えを無視していることです。経験豊富な雇用弁護士は、勤務弁護士に対して処理方法等の指導をしますから、その一環なのかもしれません。しかし、勤務弁護士も、依頼者に対し、復代理人または共同受任者として、責任を負う立場にあります。復代理人も、委任者に対して代理人と同一の義務を負いますから、弁護過誤があれば、賠償義務を負うことになります。懲戒請求されるリスクも同様です。勤務弁護士がこのような立場にあることを前提に、雇用弁護士は、勤務弁護士と事件処理についての意見交換をしていくべきです。

【Check Point】
□雇用弁護士も勤務弁護士も、依頼者に対して同等の責任を負う。

[市川充]

Q4: 虚偽主張の要求（消極的真実義務）

交通事故の被害者から損害賠償請求事件を受任しました。依頼者は、自営業者であり、実際には事故直後から仕事をしていたのですが、「事故後1か月間は全く働くことができなかったことにしてほしい、所得税申告はしているが平均賃金で休業損害を請求してほしい」等と言っています。どうすればよいでしょうか。

A: 虚偽であることを知りながらその主張をすれば、弁護士は真実義務違反となりますので、依頼者を説得するべきです。

［ 解 説 ］

1 民事事件の真実義務　職務基本規程5条は「真実を尊重し、信義に従い、誠実かつ公正に職務を行う」と規定し、弁護士の真実義務を定めています。真実義務の内容は、刑事事件と民事事件とでは異なりますが、民事事件では、真実に反することを知りながら、ことさらに自己の主張を展開して証拠を提出したり、相手方の主張を争って反証を提出したりすることは許されないという消極的な義務を意味すると解されています（解説11頁）。この場合の「真実」は、当事者の認識を前提とした主観的真実を意味します。したがって、弁護士が主観的に真実と思って主張した事実が結果的に客観的真実と違っていても、真実義務違反の問題は生じません。

2 真実義務に反する依頼者への対応　Case では、依頼者が虚偽であると知りながら虚偽の事実を主張するように求めていますから、弁護士がこれに応じれば真実義務違反となります。バレないだろうという楽観は、とんでもない結末を招きます。弁護士としては、依頼者を説得して真実の収入を主張させるよう最大限の努力をすべきです。それでも依頼者が虚偽主張に固執する場合は、辞任することにならざるを得ないでしょう。狡猾な依頼者に引きずられるべきではありません。

【Check Point】

□民事事件の真実義務は、真実に反することを知りながらそれを主張立証することを許さない。

[市川充]

◀ コラム ▶ 民事弁護と刑事弁護における真実義務

　真実義務は、民事事件の場合と刑事事件の場合とでは、議論の状況が大きく異なります。

　民事弁護の場合は、当事者主義の下、弁護士には消極的真実義務（虚偽とわかっていながら虚偽の主張をしてはならない義務）はあるが、積極的真実義務（真実を積極的に明らかにしなくてはならない義務）はないと解するのが一般的です。

　ところが、刑事弁護の場合には、真実義務の議論は錯綜しています。そもそも真実義務における「真実」とは何かという点からして議論があります。いわく、「真実」とは神のみが知る、歴史的に存在した事実（実体的真実）という考え、「真実」とは訴訟手続において検察と弁護人が相互に主張、立証をして浮かび上がってくる事実（訴訟的真実）という考えなどさまざまな見解があります。そして、それぞれの「真実」を前提に刑事弁護人の「真実義務」が論じられることになるのです。弁護人には裁判所の真実発見に寄与して刑事司法に協力する任務があり、被告人等の利益擁護に矛盾しない限度で真実義務があるという見解、弁護人には被告人等に不利になる真実を明らかにする義務はないが、有利になる真実を明らかにする義務があるという片面的な義務を認める見解、弁護人には被告人等への誠実義務はあるが真実義務はないという見解等々です。いずれの見解に立ったとしても、弁護人には被告人等のために最善の弁護を尽くす誠実義務があると同時に、裁判所・検察官による実体的真実の発見を積極的に妨害し、あるいは積極的に真実を歪める行為をしてはならない（消極的真実義務）があることは認めています。

［市川充］

Q5: 積極的に真実を明らかにする義務

損保会社を介して交通事故の加害者（被告）の損害賠償請求事件を受任しました。被害者の弁護士は、あまり交通事故訴訟に慣れていないようで、過失割合について明らかに事実誤認をし、被害者にとって不利な主張をしています。加害者の代理人としては、誤りを正せば加害者（損保会社）に不利になりますが、正さなければ真実と異なる判決になりかねません。どうすればよいでしょうか。

A: 弁護士には積極的に真実を提示しなければならない義務はなく、相手方代理人の誤解をあえて正す義務はありません。

〔 解 説 〕

1 積極的真実義務　弁護士には真実義務が課されています（職務基本規程5条）。民事事件における真実義務は、真実に反することを知りながら、ことさらに自己の主張を展開して証拠を提出したり、あるいは相手方の主張を争って反証を提出したりすることは許されないという消極的真実義務をいい、真実を積極的に提示しなければならないという積極的真実義務は含まれないと解されています（解説11頁）。つまり、依頼者の手元にある証拠を提示すれば真実発見に近づくが、それでは依頼者に不利になるという場合に、弁護士は当該証拠を積極的に提出しなければならない義務はありません。当事者主義訴訟においては、当事者がそれぞれ主張立証を尽くすことによって真実が明らかになるという建前になっているからです。

2 対応方法　**Case** では、被害者側の相手方代理人が誤解をして依頼者に不利な主張をしていますが、加害者側の代理人がそれをあえて正さなければならない積極的な義務を負っているわけではありません。したがって、加害者側の代理人はそれをそのまま放置したからといって、それにより真実義務違反を問われることはありません。実務では裁判所の求釈明等により事実誤認が正されていくものと思われます。

【Check Point】

□相手方が誤った主張をしていても、それを正す義務はない。　［市川充］

Q6: 虚偽証拠の提出

賃貸人から建物賃貸借の期間満了による明渡訴訟を依頼されました。正当事由の有無が争点となっている事案ですが、依頼者から証拠として提出してほしいと言われて裁判所に提出した賃借人の賃貸人宛メールの資料が実は依頼者が偽造したものであることがわかりました。どうすればよいでしょうか。

A: 依頼者を説得してその了解を取り付けたうえで裁判所に事実を申告するようにし、依頼者がそれを拒絶すれば辞任せざるを得ません。

〔 解 説 〕

1 消極的真実義務 職務基本規程5条が規定する真実義務のうちの民事事件の真実義務は、真実に反することを知りながら、ことさらに自己の主張を展開して証拠を提出したり、あるいは相手方の主張を争って反証を提出したりすることは許されないという消極的真実義務を意味すると解されています（解説11頁）。

2 真実義務と守秘義務 弁護士が偽造と知って証拠提出をすれば真実義務違反となりますが、**Case** では、提出時には偽造とは知らず、後でそれを知ったという点が問題です。弁護士が依頼者の了解を得ずに裁判所に偽造証拠であることを申告すれば、守秘義務違反の問題が生じます。守秘義務が解除される正当理由は必ずしも広く解されていないので、依頼者の了解を取らない裁判所への開示は、正当な理由がないとして、守秘義務違反となる可能性があります。そうすると、弁護士は、真実義務と守秘義務のいずれを優先させるかというジレンマに陥ることになります。解決策は難しいのですが、弁護士が依頼者を説得して同意をとったうえで当該証拠を採用しないよう裁判所に申し出る方法が1つの回答になります。依頼者が説得に応じない場合には、自らの真実義務違反を回避するために、辞任するという回答になると思います。偽造した証拠を持ってくるような依頼者と最後まで付き合う必要はないと考えます。

【Check Point】

□守秘義務と真実義務のジレンマを克服する努力がポイントである。

[市川充]

Q7: 駆け引きの許容範囲

有名な芸能タレントを夫にもつ妻の代理人として離婚訴訟を遂行しています。調査を進めていたら夫に非嫡出子がいることがわかりました。これを公にすると夫には致命的ダメージとなるため、非嫡出子の存在を秘匿しておく代わりに慰謝料を今の請求額の3倍にするよう求めたいと思っています。依頼者のためですから問題ないと思いますが、どうでしょうか。

A: 相手方の弱みに付け込んで、通常ではおよそ請求できない慰謝料を請求することは職務の公正を欠くものとして許されません。

〔 解 説 〕

1 公正な職務遂行 弁護士は依頼者の権利と正当な利益の実現のために最善の努力をしなければなりません。他方、弁護士は依頼者の有利になるためであれば、何をしても許されるというわけではありません。職務基本規程5条は、公正に職務を行うことを弁護士に課していますが、これは、いかに依頼者の利益のためであろうと、不当な目的のために職務を行ったり、不当な手段を用いたりすることは許されないという趣旨です（解説16頁）。弁護士は、依頼者の利益を最大限擁護しつつも、目的においても手段においてもフェアでなければならず、ダーティーなやり方で職務を行うことは許されないのです。

2 許されない駆け引き Case では、事件の相手方にとって致命的ダメージとなる情報を公開しないことを交換条件に慰謝料を増額する交渉をしています。これは結果だけに着目すれば依頼者の利益にはなりますが、とてもフェアなやり方とはいえません。弁護士が交渉をするにあたって駆け引きはつきものですが、それにも許容限度があります。Case の行為は、夫に非嫡出子がいることはマスコミの格好の餌食になるという夫側の弱みに付け込んで、通常では請求できない額の慰謝料を獲得しようとするゆすり行為といわざるを得ません。

【Check Point】

□依頼者に有利になれば何でも許されるわけではなく、フェアプレイが求められる。 　　　　　　　　　　　　　　　　　　　　　　　　　[市川充]

Q8: 事務所のホームページの作成

独立開業することになりましたが、既に開業している友人は立派な
ホームページを開設し、事件の勧誘をしています。私も事務所のホー
ムページを作成しようと考えていますが、どのようなことに気をつけ
たらよいのでしょうか。

A: 利用者の保護と弁護士の品位保持のため、虚偽、誤導等の広告や弁護
士の品位を害する広告をしないよう特に気を付ける必要があります。

〔 解 説 〕

1 広告規制 弁護士が自己または自己の業務を他人に知らせるために行
う情報の伝達や表示行為であって、顧客や依頼者となるように誘引するこ
とを主たる目的とするものは、広告・宣伝となります。**Case** の弁護士が
作成しようとしている事務所のホームページも広告・宣伝となると解され
ます。弁護士の業務広告は、2000 年から自由化されましたが、利用者の
保護や弁護士の信頼・信用確保のため、職務基本規程9条は、虚偽または
誤導にわたる情報提供を禁止し、また、品位を損なう広告・宣伝を禁止し
ています。詳細な規律については、日弁連の「弁護士の業務広告に関する
規程」があり、運用指針を定めた「業務広告に関する指針」もあります。

2 禁止される広告 広告規程は、主として上記の虚偽、誤導のほか、誇
大または過度な期待を抱かせる広告、困惑や過度な不安をあおる広告、他
の弁護士等との比較広告、弁護士会の会則違反の広告、弁護士の品位・信
用を損なう広告を禁止しています。そのほか、訴訟の勝訴率等の表示でき
ない広告事項、訪問等による広告の禁止、特定事件の勧誘広告の禁止、有
価物等供与の禁止等も定めています。なお、広告には自身の氏名や所属弁
護士会(弁護士法人の場合は、名称、法律事務所の名称、所属弁護士会)を表
示しなければなりません。

【Check Point】
□日弁連の業務広告に関する規程と業務広告に関する指針が重要。

[市川充]

◀コラム▶ 弁護士広告の歴史

　1955 年に制定された旧弁護士倫理は、「弁護士は、学位又は専門の外、自己の前歴その他宣伝にわたる事項を名刺・看板等に記載し、又は広告してはならない」と規定し、弁護士の業務広告は全面的に禁止されていました。崇高な公共的使命を負う弁護士が顧客誘引のための広告をすることは品位を害すると解されていたためです。2003 年改正前の弁護士法により、弁護士が営利を目的とする業務を営むときは弁護士会の許可がなければできなかった時代のことです。

　ところが、広告禁止は市民の弁護士へのアクセスを阻害するとの議論等を契機に、1987 年に弁護士倫理が改正され「弁護士は、その崇高な使命と公共的職務に鑑み、自己の業務を宣伝又は広告してはならない。但し、日本弁護士連合会又は弁護士会が、表示の内容が真実に合致し、誤導を招く恐れがなく、かつ表示の手段方法も品位を失うおそれがないものとして定めるところにしたがって行う場合は、この限りでない」と規定されるようになりました。この時点でも、広告は原則禁止され、一定の要件を満たす場合、例外的に認められるようになっただけでした。

　社会の国際化やインターネットの普及に伴う急速な情報化が進み、現行の広告規程ができたのは、2000 年になってからのことでした。日弁連は、会則を改正して「弁護士は、自己の業務について公告をすることができる。但し、本会の定めに反する場合はこの限りでない」と定め、「弁護士の業務広告に関する規程」を新設するに至りました。

　弁護士の広告の歴史は、社会における弁護士の役割の変遷とともに歩んできたのです。　　　　　　　　　　　　　　　　　　　　　[市川充]

Q9: 高額の広告料の支払い

事務所のインターネット広告を広告業者に依頼しているのですが、広告料が高く事務所の経営を圧迫しています。広告を出すことで確かに依頼事件が増えている面はあるのですが、広告料の支払いに追われています。広告料の支払いを原因として失敗した例を教えて下さい。

A: 非弁業者に事務所を乗っ取られたり、広告料を支払えず破産になって弁護士資格を失ったりした例があります。

〔 解 説 〕

1 広告業者を装った事件屋　2000年以降弁護士の業務広告が自由化され、ITの著しい進展に伴って、インターネットを利用した業務広告は多くの弁護士が行っています。ところが、業務広告をめぐるトラブルも少なからず発生しています。その1つは、非弁業者や事件屋が広告業者を装い、困っている依頼者を紹介するといって弁護士に近づくパターンです。そして、広告による受任事件が増えてくると、今度は事務所の経営をサポートするといって事務員を送り込み、やがて事務所の経理も送り込まれた事務員が行うようになり、気づいたときには事務所全部を非弁業者に乗っ取られ、弁護士は非弁業者の言うがままに動かされていたという事例です。非弁業者は弁護士を利用し尽くすと、次の餌食にかかっていきます。

2 高額な広告料　もう1つは、広告によって依頼事件は増えたものの、広告料が高額となり、広告料の支払いのためにひたすら仕事をしているだけになったという例です。最終的には広告料の支払いができなくなり、広告業者から滞納広告料の支払請求訴訟を提起されます。この訴訟で弁護士側の敗訴が確定すると、今度は広告業者は債権者破産の申立てにまで及びました。その弁護士は、破産手続開始決定により弁護士資格を失うという悲惨な結末を迎えました。上記のような特異な例だけでなく、広告業者の勧める依頼者獲得の方法が非弁提携とされるおそれもあるので、注意が必要です。本当に怖い話です。

【Check Point】

□おいしい話には必ずウラがあり、非弁提携にならないよう注意する。

［市川充］

Q10: 誇大広告

解雇事件の労働者側の代理人としてこれまでかなりの数の事件を処理してきたので、ネット広告において、労働事件の専門弁護士であること、これまでに雇用企業に1億円以上を支払わせた案件がたくさんあること、専門スタッフがたくさんいることを強調したいと思います。問題あるでしょうか。

A: 専門性の表示はできず、また、過去の受任事件と同じ結果を獲得できると思わせる表現は誤導・誤認のおそれのある広告とされます。

〔 解 説 〕

1 専門性の表示　Case は、「専門弁護士」「専門スタッフ」という弁護士の専門性を広告に表示するというものです。日弁連の「業務広告に関する指針」では、「一般に専門分野といえるためには、特定の分野を中心的に取り扱い、経験が豊富でかつ処理能力が優れていることが必要と解されるが、現状では、何を基準として専門分野と認めるのかその判定は困難である。専門性判断の客観性が何ら担保されないまま、その判断を個々の弁護士等に委ねるとすれば、経験及び能力を有しないまま専門家を自称するというような弊害も生じるおそれがある」として、専門性の表示については消極的に解されています。他方で、「得意分野」という表示は主観的な評価なので可能とされています。それ以外にも、「積極的に取り組んでいる分野」「関心のある分野」「取扱い分野」「取扱い業務」も表示可能なものとして列挙されています。

2 誘導・誤導のおそれのある広告　「1億円以上を支払わせた案件がたくさんある」との表示の適否ですが、「業務広告に関する指針」は、誤導、誤認のおそれのある広告として、他の事件を例として掲げてそれと同じような結果をもたらすと思わせるような表現として「交通事故で1億3000万円を獲得しています。あなたも可能です」を例示しています。**Case** の表示は、これに類似するといえます。

【Check Point】

□　「専門」は NG、「得意分野」は OK。　　　　　　　　　　〔市川充〕

Q11: 虚偽広告

同期の弁護士を見ると、広告で集客している人が目立ちます。私も、弁護士登録から間もないために事件が少ないので、少しオーバーな表現を使って積極的に広告を打ちたいと思い、「多様な事件の経験が豊富」「勝訴率が抜群」「初期費用無料」「土日も相談可」等のキャッチフレーズを使ったネット広告をしています。問題ありますか。

A: キャッチフレーズを用いるときは誤解や過度な期待を与えないように注意が必要です。

〔 解 説 〕

1 キャッチフレーズと広告規程 日弁連の「業務広告に関する指針」は、「キャッチフレーズは、表現が抽象的でかつ説明が十分でないことから、広告の受け手に対し、誤解や過度な期待を与えかねないため、広告にキャッチフレーズを用いるときは、規程第3条第2号及び第3号の規定に鑑み、その表現に十分注意しなければならない」としています。キャッチフレーズ自体を禁止するものではなく、たとえば、「市民の味方です」「懇切丁寧にやります」「闘う弁護士」「モットーは迅速第一」等は問題がない例とされています。

2 誤導・誤認のおそれ 「多様な事件の経験が豊富」は、「多様な事件」の内容があいまいであり、「経験豊富」も弁護士登録から間もない弁護士には通常あり得ません。「勝訴率が抜群」は、確実な債権の回収事件ばかり処理していれば勝訴率抜群でしょうが、多様な事件を受任していれば全ての受任案件で勝訴率抜群というのは通例はないことです。「初期費用無料」は「初期費用」の範囲があいまいです。完全成功報酬制をとっているのであれば、そのことを明記すべきです。これらは、いずれも誤導・誤認のおそれが高い表現と考えられます。ただ、「土日も相談可」は、これが実際に行われているのであれば問題ないと解されます。

【Check Point】

□広告にキャッチフレーズは使えるが、誤認・誤導とならないようにする。

［市川充］

Q12: 広告による事件依頼の対応

「広告を見たのでぜひ離婚事件を依頼したい」との電話が入りました。氏名と電話番号を聞きましたが、話の仕方があまりにぞんざいなので、受任するかしないかを明言しないで、「いま忙しいので後刻電話をいただきたい」といって切りました。その後、ずっと放置しているのですが、問題ありませんか。

A: 電話をかけてきた人に対し、依頼の諾否の通知を送るのが無難です。

〔 解 説 〕

1 受任の諾否の通知　弁護士法29条と職務基本規程34条は、事件の依頼があったときはすみやかにその諾否を依頼者に通知しなければならないと定めています。これは、弁護士に対して事件を依頼した者はその弁護士が受任してくれるかを早く知りたいと願っており、また、事件によっては早急に処理しなければ取り返しがつかなくなってしまう場合もあるため、依頼者が他の弁護士に依頼する等の機会を奪わないようにするための規定です（解説115頁）。

2 真摯な申込みの区別　依頼の申込みは、たとえば勾留中の被疑者のように、ときに面識のない者からなされることもあります。このような場合でも諾否の通知を出さなければなりません。中には依頼の申込みが真摯とはいえないものもありますが、真摯か否かは容易に判別できませんから、申込みが真摯か否かで区別することもできません。諾否の通知は電話1本、手紙1本でできるので、このように解しても、弁護士側に過剰な負担をかけるものではないからです（解説115頁）。

3 再度の連絡依頼　Case では、弁護士が事件依頼をした者に「後刻電話をいただきたい」と言って電話を切っていますから、事件依頼をした者から再度の電話があるまで弁護士が諾否の通知をする必要はないとの考えもあり得ます。しかし、弁護士がこれを立証するのは困難な場合もあるので、電話をかけて諾否の通知を送っておく方が無難です。

【Check Point】

□面識のない人からの依頼でも諾否の通知を送っておく。　　　　［市川充］

Q13: 事件屋からの勧誘

　独立して事務所を構えたものの仕事がありません。そこに、「株式会社リーガルビジネスセンター」と名乗る人から電話があり、「法律問題で悩んでいる人たちが当社に連絡を入れてきており、助けてくれる先生を探しています。細かな作業は当社で行い、先生には裁判所に行ってもらうだけです」とのことでした。いわゆる事件屋でしょうか。

A: 法律事件を周旋しようとしていることがほぼ明らかですので、キッパリと断るのが無難です。

〔 解 説 〕

1 非弁提携　弁護士法 72 条は、非弁護士または非弁護士法人が、報酬を得る目的で法律事件に関する法律事務を行うこと、またはこれらの周旋をすることを業とすることを禁止しています。同 73 条は、何人も他人の権利を譲り受けて、訴訟等によってその権利を実行することを業とすることを禁止し、同 74 条は、非弁護士または非弁護士法人が弁護士または法律事務所であること、利益を得る目的で法律相談や法律事務を取り扱う旨の標示や記載をすることを禁止しています。そして、同 27 条は、弁護士を名宛人として、同 72 条から同 74 条に違反する者から事件の周旋を受けたり、これらの者に自己の名義を利用させたりすることを禁止しています（弁護士法人については同 30 条の 21 で準用）。職務基本規程 11 条は、規制の対象を広げ、「弁護士法第 72 条から第 74 条までの規定に違反する者又はこれらの規定に違反すると疑うに足りる相当な理由のある者から依頼者の紹介を受け、これらの者を利用し、又はこれらの者に自己の名義を利用させてはならない」と規定しています。

2 周旋の疑い　Case の業者は、その社名、勧誘文句等から、非弁業者ないし事件屋である公算が極めて高いといえますから、断るべきです。

【Check Point】

□非弁と疑うに足りる相当な理由がある者からの周旋も非弁提携である。

［市川充］

Q14: 広告業者からの事件紹介

「法律相談サイトに登録して登録料を納付すれば定期的に事件を紹介します」という内容の DM が広告業者から届きました。周旋を業とする非弁業者ではないかと思うのですが、このような広告業者には近づかない方がよいのでしょうか。

A: 「事件を紹介する」ということが事実であれば、周旋業者であり、そうでないときでも周旋業者にあたると疑う相当な理由があります。

〔 解説 〕

1 周旋と広告の区別　弁護士法 27 条および職務基本規程 11 条は、弁護士または弁護士法人が非弁護士から事件の周旋を受ける、いわゆる非弁提携を禁止しています。過去には事件の周旋と広告の区別は比較的容易でしたが、インターネット広告が発達するにつれ、事件の周旋と広告を区別することは困難になってきました。事業者が運営するインターネット上のウェブサイトに弁護士や法律事務所の情報を掲載するだけであれば従来の広告とあまり変わりはありません。しかし、広告業者等が加工することにより、利用者が検索サイトで検索すると弁護士の情報が上位に表示がされる等して、利用者と弁護士・弁護士法人を結び付けようとする作用が働くようになると、事件の周旋に近くなってきます。日弁連は、「弁護士情報提供ウェブサイトへの掲載に関する指針」を定め、上記の区別について一定の指針を示しています。

2 実際の非弁　「定期的に事件を紹介します」ということが事実であれば、事件の周旋に該当すると考えられますが、実際には、非弁業者も弁護士法の規制を考慮して、あからさまな違反にならないように工夫しています。しかし、職務基本規程 11 条は、非弁と疑うに足りる相当な理由のある者からの周旋も禁止していますから、少しでも非弁の疑いがあれば近づかないようにすべきです。弁護士登録から間がない若手弁護士がターゲットになっているようですから、特に注意したいものです。

【Check Point】

□インターネット広告は事件の周旋との区別がつきにくいことがある。

[市川充]

Q15: NPO法人からの事件紹介

　悪質な大家に対抗して賃借人の権利を守るというNPO法人から、敷金の返還請求事件を定期的に依頼したいと言われました。NPO法人ですから、信用できると思うのですが、そのように考えてよいのでしょうか。

A: NPO法人でも報酬目的があれば非弁提携となります。

〔 解 説 〕

1 NPOを装った非弁業者　弁護士法27条は、同72条ないし74条に違反する者から事件の周旋を受けることを非弁提携とします。そして、同72条は、報酬目的があることを構成要件としていますから、無償で事件の周旋をする場合には同法違反にならず、そのような者から弁護士が事件の周旋を受けても非弁提携にはならないことになります。したがって、一見すると、非営利目的のNPO法人から弁護士が事件の周旋を受けても非弁提携には該当しないように思われます。しかし、NPO法人の中には、事件の周旋を有償で行っているものが少なからずあり、そのようなNPO法人が弁護士に近づいて継続的に事件の周旋をしている例が見られます。

2 弁護士からの対価の支払いの要否　弁護士側からみると、弁護士が紹介の対価を支払えば報酬目的の非弁業者と提携することになります（ほかに職務基本規程13条1項に違反します）が、紹介の対価を支払わなければ問題ないと考えるかもしれません。しかし、NPO法人が依頼者から名目は何であれ金銭を受け取っていれば、NPO法人は弁護士法72条違反となりますから、そこから紹介を受けた弁護士は同27条違反となる可能性があります。また、職務基本規程11条は、同72条に違反すると疑うに足りる相当の理由のある者から紹介を受ける場合に規律の範囲を広げていますので、非弁業者とは知らなかったという弁護士による抗弁が成り立たなくなる可能性が大きいことを知っておくべきです。

【Check Point】

□ NPO法人だからといって軽々に信用してはならない。　　　　　［市川充〕

Q16: 広告業者からの顧問先紹介

弁護士に将来の法律顧問となり得る会社を紹介するという広告業者に対して広告料の名目の費用を支払い、広告業者から定期的に紹介されている会社の人と食事を共にしています。具体的な事件の周旋を受けているわけではないのですが、何か問題があるでしょうか。

A: 依頼者の紹介そのものではありませんが、弁護士の品位を損なう可能性がありますので、以後は断った方が無難です。

〔 解 説 〕

1 紹介料支払いの禁止 職務基本規程13条1項は、依頼者の紹介を受けたことに対する対価の支払いを禁じています。その趣旨は、第1には事件の周旋を業とする者との結びつきを誘発し、弁護士の品位を損なうこと、第2には対価の支払いが依頼者に転嫁され過大な弁護士報酬請求の原因となるおそれがあることにあります（解説29頁）。

2 将来の顧客候補の紹介 **Case**では、依頼者そのものを紹介されているわけではないので、職務基本規程13条違反にはならないように思われます。また、将来の顧客（顧問先・依頼者）を誘引する機能をもつ点では広告に類似するともいえ、広告が全面的に許されている現状からすると、広告の一種という見方もできます。

しかし、他方では、紹介を受ける目的は将来の顧問先を獲得するためですし、見方によっては非弁業者との結びつきを防止する職務基本規程13条1項の趣旨に反するようにも思われます。また、広告が「自己又は自己の業務を他人に知らせるために行う情報の伝達及び表示行為」（弁護士等の業務広告に関する規程2条）であるのに対し、将来の顧客となるべきものを紹介しているので、広告の概念には収まらないともいえます。

このように考えると、職務基本規程13条1項に該当するかどうかとは別に、弁護士の品位を損なうと評価される可能性があるので、以後は断っておくことが無難であると思われます。

【Check Point】

□職務基本規程13条の趣旨まで考慮して判断すべきである。　　［市川充］

Q17: 司法書士法人の勤務弁護士

大量の債務整理事件を処理している司法書士法人に使用人として雇用され、140万円以上の訴額の事件を、法人を離れた個人として受任して処理していますが、受け取った個人事件の弁護士報酬額は私の給与から差し引かれています。そのようなことは許されるのでしょうか。

A: 司法書士法人が140万円以上の債務整理事件の実質的受任者と評価されますから、被雇用弁護士は弁護士法72条違反に加担したとされる可能性が極めて高いと思われます。

〔 解 説 〕

1 非弁護士に雇用される弁護士　非弁行為を禁止する弁護士法72条により、司法書士法人は、認定司法書士が所属していても、140万円を超える訴額の事件を受任することはできません。このことは司法書士法人に雇用されている弁護士が事件の処理をする場合も同様です。法律事務を行う者が弁護士であったとしても、受任主体が弁護士・弁護士法人ではない以上、司法書士法人が法律事務を行ったことになり、弁護士法72条違反となります。雇用されている弁護士は、同27条違反となります。このように弁護士・弁護士法人以外の者に雇用される弁護士は、雇用主の顧客に対して法的サービスを提供することはできません。ただ、被雇用弁護士が雇用主の対内的な法的サービスの提供、たとえば法務部において雇用主のために契約書を作成することは問題ありません。

2 報酬の受領者　Caseでは、被雇用弁護士が雇用主たる法人を離れた個人として事件を受任する場合であり、司法書士法人が受任しているわけではないので、非弁提携にはならないようにも思われます。しかし、個人事件の報酬相当額が給与から差し引かれるとなると、実質的には個人受任の報酬を法人が受領していることと同じであり、司法書士法人が実質的受任者と評価されると考えます。そうすると、弁護士法72条、27条違反の問題が生じることになります。

【Check Point】

□非弁護士に雇用された弁護士は、雇用者の顧客向けサービスができない。

[市川充]

◀ コラム ▶ 事務職員による非弁活動

　いわゆる非弁提携が問題となる典型例の1つとして、事務職員による非弁活動があります。事務職員が弁護士の名義を用いて法律事務等を行うような状況を弁護士が是認することは絶対にあってはなりませんが、仮に弁護士の知らないところで、事務職員が弁護士の名義を利用していたとしても、事務職員に対する指導、監督を怠ったとの非難は免れないでしょう（職務基本規程19条参照）。

　定型的な事件を大量に処理するために、委任事務処理の実質的な部分を事務職員が担う例もあるようですが、事件処理を事務職員任せにすることは許されません。破産事件や再生事件では、破産管財人や個人再生委員とのやりとりをもっぱら事務職員が行うようなケースを見受けます。仮に債務者の代理人である弁護士が事案の詳細を全く把握せず、事務職員が実質的に委任事務を遂行しているのであれば、当該事務職員の行為は弁護士法72条に違反している可能性があり、弁護士が弁護士法27条、職務基本規程11条違反に問われる可能性があります（職務基本規程11条は、弁護士法72条に違反すると疑うに足りる相当な理由のある者の利用等も禁止しています）。また、法律事務所と提携する広告業者などから事務職員の派遣を受けることにも注意が必要です。そもそも、そうした業者と弁護士との関係に照らせば、派遣された事務職員による職務遂行を弁護士が十分に指導、監督できるのか疑問がありますし、多額の派遣費用の負担を強いられる場合もあります。現に、広告業者グループから事務職員の派遣を受け、事務所の賃借も受けるなどしていた法律事務所が破綻するという事例も発生しています。[安藤知史]

Q18: 弁理士との共同事務所

弁理士と共同して「○○法律特許事務所」を運営していますが、ある特許権侵害訴訟について、私が委任契約上の受任者となって弁護士報酬を受領しました。その後、弁理士の収入が少ないことから、弁護士報酬の5割をパートナー分配金として支払いました。問題があるでしょうか。

A: 隣接専門職と収支共同の事務所をともに運営する場合に合理的な基準に基づかずに弁護士報酬を分配することは、報酬分配禁止の規定に抵触するおそれがあります。

〔 解 説 〕

1 非弁との報酬分配禁止 職務基本規程12条は、「弁護士は、その職務に関する報酬を弁護士又は弁護士法人でない者との間で分配してはならない」と規定しています。この規定は弁護士の独立性を保持するとともに、非弁護士との提携を禁止した同規程11条と同じ趣旨であると説明されています（解説28頁）。ただし、正当な理由がある場合には禁止が解除されます。ここで正当な理由とは、隣接専門職との協働によるワンストップ・サービスの提供の場合の分配であり、この場合にはただし書の規定が適用されることがあり得ると解されています。具体的には、個別の案件について協働した場合で、合理的な分配基準があるときには分配が可能ですが、事務所の共同経営で収支共同の場合は、本条違反になるおそれが高いとされています（解説28頁）。

2 合理的な分配基準 Case では、弁護士が受任者として報酬を受領しますが、弁理士への分配が事件処理の寄与度に応じたものと認められず、合理的な基準による分配とはいえません。このような場合は、職務基本規程12条違反となり、報酬分配は許されないことになります。

【Check Point】

□報酬分配が許されるのは、個別案件で合理的基準がある場合。

[市川充]

Q19: 司法書士・税理士との連携

　ある相続事件を受任し、私が遺産分割協議書を作成したうえ、知り合いの司法書士に相続登記を、同じく税理士に相続税申告を依頼し、登記費用と税務申告費用を合わせた弁護士報酬を一括請求しました。問題はあるのでしょうか。

A: 一括請求後に合理的基準に基づき分配される場合は問題ありませんが、安全策として各人が個別に請求するということも考えられます。

〔 解 説 〕

1 ワンストップ・サービスと報酬分配　職務基本規程 12 条は、弁護士または弁護士法人でない者との間で弁護士報酬の分配を原則禁止していますが、隣接専門職との協働によるワンストップ・サービスの提供の場合に、個別の案件についての協働であって、合理的な分配基準があるときには正当な理由があり、分配が可能であるとされています（解説 28 頁）。たとえば、弁護士報酬については弁護士自身の報酬基準に基づき算定されたものとし、隣接専門職の報酬についてはその者の報酬基準に基づき算定されたものとして報酬を分配すれば、これを満たすと考えられます。もっとも、報酬算定基準への当てはめが難しいケースもありますので、安全策をとるのであれば、弁護士、隣接専門職がそれぞれ報酬額を算定して個別に請求するのがよいと考えられます。

2 各人による個別請求　**Case** では、個別の案件についての報酬の分配ですから、合理的な分配基準に基づく分配であれば、弁護士が一括請求をし、それを司法書士、税理士との間で分配することも許されることになります。しかし、合理的な分配基準に基づいていると認めるのが困難な場合には、弁護士、司法書士、税理士がそれぞれ依頼者に個別に請求をするのが無難であると考えられます。その場合でも、依頼者の便宜を考えて合算額を 1 つの口座に送金してもらうことは許されると解されます。

【Check Point】

□個別に請求する場合でも 1 つの口座に送金してもらうと有用である。

［市川充］

Q20: 司法書士法人との連携

債務整理事件を広告によって多数受任している司法書士法人から、140万円を超える債務整理事件を紹介され、かなりの事件数になっています。その司法書士法人に紹介料は一切支払っていませんが、過払金の計算事務を有償で行ってもらっています。問題がありますか。

A: 過払金計算事務の対価名目でもその実質が報酬分配や紹介料と認められれば違法なものとなります。

〔 解 説 〕

1 他士業の連携と非弁提携 弁護士法27条および職務基本規程11条は、非弁提携を禁止しています。このほか同規程12条は正当な理由がない場合は、弁護士または弁護士法人でないものとの報酬分配を禁止し、同規程13条1項は紹介料の支払いを禁止しています。

Case では、認定司法書士法人が取り扱うことができない140万円を超える債務整理事件を当該法人から紹介され、同法人に過払金の計算事務を有償でやらせているという事案ですので、非弁提携の実体があれば許されるものではありません。また、非弁提携とはいえなくとも、過払金の計算事務の対価支払いが同規程12条で禁止される報酬分配とされる可能性があります。

2 実質的な紹介料 Case では紹介料の支払いはないということですが、過払金の計算事務の対価が実質的には紹介料と認められれば、同規程13条1項違反となります。Case に類似した懲戒事例として、司法書士法人から債務整理事件の紹介を受けた弁護士法人が、対価の支払いは司法書士法人が行った業務の成果である物品ないしデータの対価であると主張した事案がありますが、弁護士法人は依頼者と業務成果物をワンセットとして引き継いでおり、依頼者の紹介と業務成果物の引継ぎが仕組みとして一体化されていると認められ、両者を分離することができないとして、同規程13条違反とされています。

【Check Point】
□対価の名目ではなく、報酬分配・紹介料の実質を備えているかで決まる。

［市川充］

Q21: 実費の清算

ある税理士と親しい関係にあり、その税理士が相続税申告手続をした相続人の遺産分割事件を紹介してもらっていますが、その際、申告書のコピー代等の実費を支払っています。現実にかかった経費を清算するものですが、紹介料の支払いにあたらないのでしょうか。

A: 立替実費の清算である場合は紹介料の支払いにはあたりません。

〔 解 説 〕

1 紹介料支払・報酬分配の禁止 職務基本規程13条1項は、依頼者の紹介の対価の支払いを禁止し、同規程12条は、弁護士または弁護士法人でない者との間で報酬を分配することを禁止しています。紹介の対価名目がたとえば業務委託料であっても、その実質が紹介の対価であれば13条1項違反となります。同様に、報酬分配についてもその名目が業務委託料（弁護士が税理士に一定の業務を委託した場合の対価という名目）であっても、その実態が報酬分配であれば12条違反となります。

2 税理士の事務費用を含むとき **Case** では、税理士の作成した申告書のコピー代等の実費を支払っていますが、この「実費」の内容が、税理士が負担したコピー代等の実際の費用を清算するものであれば、依頼者紹介の対価にも、報酬分配にもなりません。しかし、「実費」の中に税理士の税務処理に関する費用が含まれる場合は問題です。類似の懲戒事例で、司法書士法人から事件紹介を受けた弁護士法人が、対価の支払いは司法書士法人が行った業務の成果である物品ないしデータの対価であると主張した事案につき、弁護士法人は依頼者と業務成果物をワンセットとして引き継いでおり、依頼者の紹介と業務成果物の引継ぎが仕組みとして一体化されているから両者を分離できないとして、職務基本規程13条1項違反としたものがあります。たとえば、コピー代が1枚1000円であったときは、紹介料が含まれるというべきでしょう。「実費」の清算という場合は、実際の実費の清算であることを確認にしておくべきです。

【Check Point】

□実費の内容によっては紹介料となる場合がある。　　　　　　　　［市川充］

Q22: 紹介料の受取り

遺産分割事件で不動産の換価分割をすることになり、不動産仲介業者に売買の仲介を依頼し、無事に成約にいたりました。不動産仲介業者は、物件を紹介してもらった謝礼を払いたいと申し出ています。もらってよいのでしょうか。

A: 依頼者紹介の対価を受領してはならない旨を定める職務基本規程 13 条 2 項に違反するので、受領してはいけません。

〔 解 説 〕

1 紹介料受領禁止の趣旨 職務基本規程 13 条 2 項は「弁護士は、依頼者の紹介をしたことに対する謝礼その他の対価を受け取ってはならない」と規定しています。同条 1 項は弁護士の側からの紹介料の支払いを禁止し、2 項は弁護士による紹介料の受領を禁止したものです。2 項の趣旨については、弁護士が何らの法律事務を行うことなく依頼者の紹介をしたというだけでその相手方から対価（紹介料）をもらうのは品位にもとるからと解されています。そして、2 項の「依頼者」は弁護士から紹介を受けた側からみての依頼者または業務上の顧客をいい、紹介する弁護士の側からみれば「依頼者」になっていない場合も含むと解されています。このように解することが 2 項の趣旨である法律事務を行わず紹介をしただけで対価を受けることが弁護士の品位を害するということに合致するからです（解説 29 頁）。

2 不動産仲介業者からの謝礼 Case では、弁護士が不動産仲介業者に対して不動産を所有する依頼者を紹介し、その売却の仲介をさせたうえで、謝礼を受領することが問題となっていますが、不動産仲介業者から謝礼支払いの申し出を受けて弁護士がこれを受領すれば、同規程 13 条 2 項の規定違反は明らかです。不動産業者は、職務基本規程の規律を知りませんから、紹介料支払いの申し出をしばしばしてきますので、注意が必要です。

【Check Point】

□一般社会では当然の紹介料の授受は、弁護士の世界では認められない。

[市川充]

◀ コラム ▶ 弁護士業務の事業承継

　弁護士が高齢になり引退をする場合や病気により廃業する場合に、受任中の事件や顧問会社を他の弁護士に引き継いでもらい、それに伴い対価を受領することは許されるでしょうか。このような弁護士の事業承継を有償で行うことが紹介料の授受を禁止した職務基本規程 13 条に抵触するのではないかが近時議論されています。

　一般的には、高齢の場合は直ちに引退するのではなく、受任中の事件や顧問会社からの相談を他の弁護士と共同して行い、徐々に担当をシフトしていき、他の弁護士の関与の度合いによって対価を支払う等の工夫をしているようです。共同事務所の場合には、このような形で引退が近い弁護士の業務を事務所が引き継いでいくことがしばしばありました。

　共同事務所を引退した弁護士に対する功労金、年金等の支払いを従前の職務上の貢献に対する事後的謝礼ととらえてこれを許容する議論も従来からなされていました。また、諸外国の例でも、紹介料の支払いを禁止しつつ、事業承継の対価を支払うことは認めることは多くみられます。

　わが国ではいまだ議論が中途ですが、弁護士を選ぶ権利等依頼者の権利・利益が制度的に保障されていれば、これを許容することは十分に可能ではないかと思われます。議論を深めて依頼者を保護しつつ、高齢の弁護士のハッピーリタイヤメントを促進し、若い弁護士の活躍の場を広げるための制度設計が必要です。　　　　[市川充]

Q23: 紹介料の支払い

先輩弁護士から交通事故の損害賠償事件の紹介を受け、無事に解決し、報酬金を受け取ることができました。先輩弁護士に対して受け取った報酬金の一部を謝礼として支払おうと考えています。支払ってよいのでしょうか。

A: 紹介の対価として謝礼を支払うことは職務基本規程13条1項に反し、許されません。

〔 解 説 〕

1 紹介料支払禁止の趣旨　弁護士は、利益相反を回避するためとか、遠方の依頼者の近辺に事務所を構える弁護士に受任してもらうためとかの理由により、他の弁護士から依頼者や事件の紹介を受けることがしばしばあります。しかし、職務基本規程13条1項は、依頼者や事件の紹介を受けたときの紹介料の支払いを禁止しています。その趣旨は、第1に紹介料の支払いは、事件の周旋を業とする者との結びつきを誘発し、ひいては弁護士の品位を損なうおそれが高いこと、第2に弁護士が紹介料を支払えばそれが依頼者に転嫁され過大な報酬請求の原因となるおそれがあるからと解されています（解説29頁）。

2 弁護士に対する紹介料の支払い　問題は、弁護士が弁護士に対して紹介料を支払うことが同条項によって禁止されているかですが、職務基本規程13条1項は、弁護士に対する紹介料の支払いも禁止していると解されます。紹介料を支払って事件を買い漁ることは受領者が誰であれ弁護士の品位を害することになりますし、紹介料の支払いにより依頼者の負担を増加させるおそれは弁護士への支払いでも同じだからです（解説29頁）。**Case** では、先輩弁護士から事件の紹介を受けた弁護士が事件終了後に報酬の一部を謝礼として支払うことが問題となっていますが、これはまさに事件の紹介の対価の支払いとなりますから、同規程13条1項により許されないことになります。

【Check Point】

□紹介料の支払いは弁護士に対するものであっても許されない。

［市川充］

Q24: 季節の贈答

知り合いの司法書士と税理士から、定期的に訴訟事件の紹介を受けています。私の方も、登記と税務申告を依頼していますが、司法書士と税理士からは季節の贈答品が届きます。私も、贈答品を贈ってよいのでしょうか。

A: 社会的儀礼の範囲内の贈答であれば紹介との対価関係は認められませんから、問題ありません。

〔 解 説 〕

1 紹介の対価 職務基本規程13条1項は、「依頼者の紹介を受けたことに対する謝礼その他の対価を支払ってはならない」と規定しています。ここでいう「謝礼その他の対価」とは、依頼者ないし事件の紹介料のことです。紹介行為との対価関係が必要ですが、これがあれば、金銭以外の有価物も「謝礼その他の対価」に該当しますし、その額の多寡や価値の大小、名目のいかんを問わないと解されています。他方で、対価関係の有無は、社会通念により決せられ、知人間、友人間の通常の社会的儀礼の域を超えない季節の贈答や飲食費の負担などは本条違反とはならないと解されています（解説29頁）。

2 季節の贈答品と紹介の対価性 Case では、定期的に訴訟事件の紹介を受ける司法書士と税理士に弁護士の側から季節の贈答品を贈ることが問題となっていますが、司法書士と税理士からも季節の贈答品が贈られていることからすると、一般的な社会的儀礼の範囲を超えないものであれば、弁護士からの贈答はこれに対する返礼という趣旨が強くなり、紹介の対価性は薄くなると解されます。社会的儀礼の範囲内とはどこまでかは難しい問題です。ある人は10万円の商品券も社会的儀礼の範囲内というでしょうし、ある人はせいぜい2～3万円の物品というでしょう。最後は、弁護士一般が考える平均的な金額になるでしょうが、迷ったら仲間の弁護士に尋ねて自分の考えを検証することも有益です。

【Check Point】

□季節の贈答品も社会的儀礼の範囲を超えれば紹介料に該当する。

［市川充］

Q25: 広告料名目での顧客紹介の対価

　ある業者が運営するウェブサイトに弁護士の情報（取扱い分野や過去の実績等）を掲載し、弁護士にサイトの閲覧者から依頼の電話やメールがあると、その都度業者へ追加掲載料を支払うことになっています。このような仕組みを利用するのに問題はないのでしょうか。

A: 閲覧者からの受任の数や弁護士報酬に応じて業者への対価を支払う仕組みは周旋になるおそれがあり、その場合は弁護士法、職務基本規程に違反することになります。

〔 解 説 〕

1 広告と周旋・紹介の区別　弁護士法27条および職務基本規程11条は非弁行為をする者から事件の周旋を受けることを、同規程13条1項は依頼者の紹介を受けたことに対する対価の支払いを、同規程12条は非弁護士との報酬の分配を、それぞれ禁止しています。他方で、弁護士の業務広告は広く認められており、インターネット等の通信技術の発達により広告と周旋・紹介の区別がつきにくくなっているのが現状です。たとえば、広告業者のポータルサイトに顧客誘引のための弁護士の情報を掲載するだけであれば、情報の掲載は業務広告ですが、広告業者において、できるだけ多くの人や企業が当該情報にアクセスできるような工夫をし、紹介を受けた事件の数や弁護士報酬の額に応じて掲載料が課金されていくようになると周旋や紹介の色彩が強くなってきます。このような状況を踏まえ、日弁連では「弁護士情報提供ウェブサイトへの掲載に関する指針」を定め、上記区別について一定の指針を提示しています。

2 依頼の連絡と追加掲載料　Case では、サイトの閲覧者から依頼の電話やメールがあると追加掲載料を支払う仕組みになっており、周旋の様相がかなり濃いと思われます。したがって、このような広告業者のサイトを利用すると、弁護士法27条および職務基本規程11条で定める非弁提携になるおそれがあります。

【Check Point】

□ネット広告の利用では、運営している広告業者の運用方法に注意する。

［市川充］

Q26: 顧問弁護士の監査役への就任

　顧問をしている会社の社長から、「当社の監査役が急にやめてしまったので当社のことをよく知っている先生に監査役になってほしい。顧問料とは別に監査役報酬を支払います」と言われました。監査役になることに問題はあるでしょうか。

A: 顧問弁護士としての職務内容が顧問先会社の業務執行機関に継続的に従属していなければ、監査役に就任することに問題はありません。

〔 解説 〕

1 会社法の兼任禁止　会社法335条2項は、監査役が業務執行機関を監視監督することを主たる任務とすることから、当該会社や子会社の取締役・支配人その他の使用人との兼任を禁止しています。この関係で、会社の顧問弁護士が監査役を兼ねることができるかが問題となります。この点、顧問弁護士は「法律専門家としての自己の判断と責任において、受任した事件を処理しあるいは法律上の意見を述べるものであって、会社の業務自体を行うものではなく、もとより業務執行機関に対し継続的従属的関係にある使用人の地位につくものではない」から、特段の事情がない限り会社法の規定に反しないとする裁判例があります（解説46頁）。日弁連理事会も、慎重な配慮を要するものの、原則として適法であると決議しています。

2 顧問弁護士の職務の内容　注意すべきは、顧問弁護士が会社に継続的に従属的な関係に立つような場合には、裁判例の立場でも監査役に就くべきではないとの結論になることです。すなわち、顧問弁護士は常に監査役を兼任できるわけではなく、その職務の実体が業務執行機関に対し継続的従属的関係にあるか否かを実質的に判断しなければなりません。従属的関係とは、取締役等の業務執行機関の指揮命令下に置かれた場合、これに準じて当該会社に専属すべき拘束を受けている場合等をいいます（解説46頁）。

【Check Point】

□顧問弁護士としての職務の内容を検討して監査役との兼任を判断する。

[市川充]

Q27: 社外取締役の株式購入

　ある上場企業から頼まれて社外取締役に就任しています。その会社の社長からは「先生にも当社の株式を買ってもらい、株主になってほしい」と言われ、これに応じて株式を購入することにしました。何か気を付けることはあるでしょうか。

A: 社外取締役として知ったインサイダー情報を利用して株式取引を行うと金融商品取引法違反で処罰されるほか、弁護士として懲戒処分を受けることがあります。

〔 解 説 〕

1 社外取締役とインサイダー　弁護士が社外取締役に就任することについては、職務基本規程50条、51条のほかに明示的な規律は存在しません。したがって、社外取締役である弁護士が当該会社の株式を取得することが禁じられることはありません。ただし、注意すべきはインサイダー取引です。社外取締役は、会社が開示すべき情報を開示前に知ることができたり、会社の非開示情報を知ることができたりする地位にありますから、社外取締役がそのようなインサイダー情報を有利に利用して、保有株式を売りに出したり、反対に買増しをしたりすれば金融商品取引法に規定するインサイダー取引に該当することがあります。これは他の役員等にも同様に適用される規律であって、弁護士特有の規律というわけではありません。

2 弁護士の懲戒　弁護士がインサイダー取引規制に違反すると、金融商品取引法違反として処罰されるだけでなく、弁護士として懲戒処分も受けることがあります。金融商品取引法違反とされなくても品位を失う非行と判断されて懲戒処分を受けることがあります。実際にインサイダー取引を理由に懲戒処分を受けた例があります。現在多数の弁護士が上場企業をはじめとする会社の社外取締役に就任していますが、就任先の会社から株式取得を勧められたときは慎重に判断すべきです。

【Check Point】

□弁護士特有の規律の違反でなくとも、懲戒処分となることがある。

[市川充]

Q28: 第三者委員会における独立性

食品会社の顧問弁護士をしていますが、この会社が商品への異物混入を隠ぺいしていたことが発覚し、第三者委員会を立ち上げて調査することになりました。社長からは、「顧問弁護士として第三者委員会のメンバーになってほしい」と言われました。どのような点に注意すればよいでしょうか。

A: 第三者委員会の性質を確認のうえ、顧問弁護士の立場と矛盾しないかを吟味して就任の可否を判断すべきです。

〔 解 説 〕

1 党派的立場と中立的立場　顧問弁護士が当該会社の不祥事を社内で調査するための調査委員会の委員となること自体には問題がありません。しかし、第三者委員会として会社とは独立した中立的立場で調査をするという場合には、その委員も同様に中立的立場を保持して調査をすることが期待されます。特に、第三者委員会からヒアリングを受ける者は第三者委員会が中立的であると信じていることが少なくありません。そのため、会社の業務執行機関のために職務を行う顧問弁護士という党派的な立場と、会社から中立であるという第三者委員会の委員の立場は相反することがあり、ときに弁護士がジレンマに陥るリスクを孕んでいます。

2 委員会の性質の確認　顧問弁護士が第三者委員会の委員に就任するにあたっては、その委員会が中立的なものであるのか、業務執行機関に従属するものであるのかを確認し、就任の可否を判断すべきです。そして、前者の性質であれば相反する立場が生じるものであること、相反する状況が生じた場合には中立性を優先させることを会社側に説明しておくべきです。反対に、後者の性質の委員会であれば、ヒアリング等の調査をするにあたり関係者にその点を説明してから調査にあたるべきです。いずれにしても、顧問弁護士は第三者委員会の委員への就任を安易に引き受けるべきではなく、慎重に判断をすべきです。

【Check Point】

□第三者委員会にはさまざまな性質のものがあるので、確認が大切である。

[市川充]

Q29: 事件記録の管理

事務所が狭いため、事件記録は一部を専用ロッカーに入れておくものの、事務机や応接テーブルの上にも雑然と重ねています。依頼者との打ち合わせをしていると、その依頼者に関係ない人の事件記録の表紙が目にとまってしまいますが、問題ないのでしょうか。

A: 事件記録の保管にあたり秘密やプライバシーに関する情報が漏れており、問題があります。

〔 解 説 〕

1 記録の保管方法　弁護士は、依頼者や関係者の機微な情報を取り扱いますから、依頼者や事件関係者の秘密やプライバシーを守り、情報を適切に管理することが求められます。そのため、職務基本規程 18 条は「事件記録を保管し、又は廃棄するに際しては、秘密及びプライバシーに関する情報が漏れないように注意しなければならない」と規定しています。保管の方法としては、事務所内のキャビネットやロッカーに入れておけば一般的に十分といってよく、施錠までは要求されているわけではありません。また、専門業者に保管を委託することも可能ですが、その場合は、業者に職務基本規程 18 条の趣旨を充足する保管かどうかを確認すべきです。

2 杜撰な保管　**Case** では、事件記録の一部しか専用ロッカーに保管されておらず、事務机や応接テーブルに事件記録が放置されており、依頼者との打ち合わせでは他の事件記録の表紙が目にとまるということですから、依頼者等の秘密やプライバシーが守られているとはいえません。職務基本規程 18 条は、依頼者等の秘密やプライバシーを保護するための規定ですが、弁護士は、善管注意義務の一環としても記録を適切に保管する義務を負っており、記録の紛失等が生じれば善管注意義務違反を問われることになります。整理整頓が苦手な弁護士がいますが、改めて記録保管の重要性を認識する必要があります。

【Check Point】

□事件記録の保管を甘く見ると、とんでもないことになる。　　［市川充］

◀ コラム ▶ 二重事務所の禁止とリモートワーク

　弁護士法 20 条 3 項は「弁護士は、いかなる名義をもってしても、二箇以上の法律事務所を設けることができない」と規定しています。コロナ禍でリモートワークが推奨されたことにより弁護士が自宅で業務を行う機会も増えましたが、事務所でも自宅でも業務を行うとした場合、それが二重事務所禁止に抵触するおそれはないのでしょうか。「法律事務所」とは、弁護士がその業務を反復・継続して行う場所として設定した活動の本拠であり「弁護士の職務上の住所」ともいうべきところとされています。そして届出事務所以外にこのような実体の場所を設けることや、外観上、別の場所に法律事務所が設置されたとみられる表示をすることは禁止に抵触します。日常の業務を事務所で行いつつ、記録を家に持ち帰って起案するというのならば自宅が「法律事務所」と言われることはないでしょう。一方、基本的に日中ずっと自宅に居て、打ち合わせにはオンライン参加し、電話もメールもファックスも自宅で受け取っているとなると、自宅が「業務を反復継続している場」と言える可能性もあるように思われます。二重事務所禁止の趣旨は、弁護士間の過当競争の防止、品位保持、非弁提携の防止、および弁護士会の指導・連絡・監督権を確保することにあるとされていますので、不在時も事務所を管理できているか、弁護士会の監督が行き届くと言えるかがポイントになるでしょう。なお、自宅表札に「法律事務所」の表示をすることはもちろん、メールや FAX、名刺に住所を併記することも「表示」に当たるので、たとえば転送郵便物を受け取りたいなどの事情がある場合でも、外部への表示は慎重にする必要があります。

[岸本史子]

Q30: オンライン・ストレージでの保管

事件記録が増えてきたので、PDF ファイルにしてクラウド上のストレージで保管しようと考えていましたが、パソコンを新たに購入したら 3 ギガバイトのオンライン・ストレージが無料で使えるようになりました。何か問題はあるでしょうか。

A: 業者の選択に注意を尽くさなければ十分とはいえません。

〔 解 説 〕

1 クラウドでの記録保管 弁護士は、その職務を行うにあたり依頼者や関係者の機微な情報を取り扱うため、依頼者や事件関係者に対して秘密やプライバシーを守り、情報を適切に管理することが求められています。職務基本規程 18 条は「事件記録を保管し、又は廃棄するに際しては、秘密及びプライバシーに関する情報が漏れないように注意しなければならない」ことを弁護士に義務付けています。事件記録は紙で保管するほか、デジタルデータ化して保管することも少なくありません。裁判所への書類の提出がオンラインで行われるようになり、記録のデジタルデータ化は主流となりつつあります。このようなデータは、法律事務所のコンピュータの記録装置に保存されるだけでなく、オンライン・ストレージ（クラウド）で保管されることもあります。オンライン・ストレージで事件記録を保管するにあたっては、業者の選択に注意を尽くしたり、パスワードにより他の者が事件記録にアクセスすることができないようにしたりするなど、十分な注意が必要です。

2 クラウド業者の選択 **Case** では、事件記録の保管に無料のオンライン・ストレージを使用することが問題となっています。無料だから不可とはいえませんが、業者の選択には十分な吟味が必要です。おまけでついてきた無料サービスに直ちに乗るのではなく、弁護士が関係者の機微にわたる情報を取り扱うことを自覚し、情報が漏洩する危険がないかを検討したうえで決めるべきです。

【Check Point】

□職務上取り扱う情報が機微であるとの自覚を常にもつ。　　　　　［市川充］

◀ コラム ▶ 弁護士情報セキュリティ規程

　弁護士の情報管理に関しては、平成 25 年に日弁連が弁護士の情報セキュリティ対策の取組を支援することを目的として「弁護士情報セキュリティガイドライン」を制定しました。これはあくまでも指針ですので、拘束力はなくこれに違反した場合に直ちに懲戒の対象となるものではありませんでした。内容的には、情報の保管、発信、持出し、廃棄等のあり方について具体的に定められていました。

　その後、裁判手続の IT 化（特に刑事手続における IT 化）を進めていくにあたり、弁護士の情報管理体制を確立する必要があるとの要請から、令和 4 年、日弁連はガイドラインに代えて「弁護士情報セキュリティ規程」を制定しました（施行は成立から 2 年以内）。この規程では、日弁連が情報の管理方法を定めるのではなく、各弁護士が自己の職務に関する情報セキュリティに対する危険を把握し、それに適合するような情報の取扱方法をそれぞれ定めることを義務化しています。つまり、日弁連が一律の基準を設けるのではなく、各人が基準を設け、その基準に従って情報管理をすることになりました。各人が定める基準の内容やレベルについては規制があるわけではありませんが、あまり低い基準を定め、その結果、情報が漏洩した場合、当該基準を遵守していたとしても、懲戒の対象となるのか、明確ではありません。いずれにしても、情報については、自己責任で管理することがより一層求められることになりましたから、管理方法についても十分な検討が必要になっています。　　[市川充]

Q31: 既済記録の廃棄

既済記録がかなりの量になってきましたので、廃棄物処理業者に依頼して廃棄処理をしてもらおうと考えています。しかし、廃棄業者の中には、一般の家庭ゴミとして処分してしまう不心得な者がいたと聞きました。どのようなことに注意したらよいでしょうか。

A: 廃棄業者には十分な注意を与えて委託しなければなりません。

〔 解 説 〕

1 記録の廃棄　一定期間弁護士の職務を続けていると、既済事件の記録がたまってきます。事件が終了しても、依頼者や関係者からの問い合わせに備えて、ある程度の期間は既済記録を廃棄せずに保管しておくことが多いのが通常です。しかし、紙で保管する場合には既済事件がたまりすぎると保管スペースがなくなったり業者保管の費用が嵩んだりしますから、廃棄する必要が生じます。職務基本規程18条は「事件記録を保管し、又は廃棄するに際しては、秘密及びプライバシーに関する情報が漏れないように注意しなければならない」と規定しています。弁護士は、事件記録の保管だけではなく、廃棄についても秘密やプライバシーに配慮しなければなりません。

2 廃棄の方法　既済事件の廃棄方法につき、少量であればシュレッダーで裁断する弁護士が多いと思われます。しかし、大量であると、そうはいきません。そのようなときに、家庭用のゴミ袋に入れて一般ゴミとしてゴミ集積場に出しておくのは、職務基本規程18条違反となるおそれがあります。そこで、廃棄業者に廃棄を委託せざるを得ない場合が生じますが、廃棄業者の中には、家庭ゴミとしてゴミ集積場に出してしまったり不法投棄してしまう不心得な業者がいますから、安心してはいけません。廃棄業者が信頼の置ける業者かどうかをチェックするとともに、廃棄を依頼するときに十分な注意を与え、かつ、焼却や溶解等の廃棄処理を終えたときの報告も徴求するべきでしょう。

【Check Point】
□事件記録は、保管だけでなく、廃棄にも注意が必要である。　［市川充］

Q32: 相手方住民票の依頼者への交付

　職務上請求用紙を使って住民票を取り寄せ、損害賠償請求事件の相手方の住所を調査しました。依頼者から、その住民票のコピーがほしいと言われているのですが、応じてもよいでしょうか。

A: 住民票のコピーをそのまま依頼者に交付するのは避けるべきです。

〔 解 説 〕

1 個人情報の管理　近時、個人情報を含めた情報管理について国民の関心が高まり、弁護士の情報管理についても一層の厳格さが求められています。そのような観点から、相手方を含めた第三者のプライバシー保護の重要性が高まっています。

2 依頼者への報告義務と相手方のプライバシー保護　弁護士は依頼者に対する報告義務がありますが、相手方の住民票や戸籍謄本等に記載された情報すべてが依頼者に対する報告義務に含まれるかは慎重に検討すべきです。第三者のプライバシー保護を考慮すると、依頼者に対する報告義務は、弁護士が得た情報のすべてではなく、依頼事項を遂行する上で必要な事項に限られるものと解すべきです。

3 住民票の交付　弁護士が職務上請求によって取得した相手方の住民票をコピーして依頼者に交付するのは問題です。そこには委任事務を処理する上で必要な事項以外の情報が含まれている可能性があるからです。依頼者への報告目的は相手方の住所でしょうが、依頼者がその情報を利用して相手方に直接の働きかけや威圧行為をすることもあり得ます。また、家族の情報も記載されていたときは、相手方以外の第三者にも同様の可能性があります。依頼者が住民票に記載されている情報を既に知っていて、住民票で確認したいだけの場合もありますが、住民票のコピーを依頼者に送付する必要がある場合は少ないと思われます。

【Check Point】

□依頼者への報告義務と第三者のプライバシー保護の調和を検討する。

［市川充］

Q33: 職務に関係ない戸籍謄本の請求

顧問会社から、新入社員の出自を確認したいので、その社員の戸籍謄本を職務上請求で取り寄せてほしいと依頼されました。問題あるでしょうか。

A: 弁護士の職務ではないので、職務上請求により戸籍謄本を取り寄せることはできません。

[解 説]

1 職務上請求 戸籍謄本や住民票等を取得できるのは、本人や親族等の一定の範囲の人に限られ、それ以外の人が取得するには煩瑣な手続が必要です。ところが、弁護士その他の専門職は、これらを簡易迅速な手続で取得することが認められています。これが職務上請求です。職務上請求は、専門職がその職務を行うために必要な場合に利用できる制度であり、弁護士の場合は、職務の内容等により日弁連が発行するA用紙からD用紙までの4種類の職務上請求書を使い分けることになっています。B用紙の場合、職務上請求書には、利用目的の内容や業務の種別などを記載しなければなりません。「利用目的の内容」欄には、「依頼者の父であるAが平成△年△月△日に死亡したので、その相続登記のため、Aの相続人である二女○○の住民票が必要である」といった具体的な記載が必要であり、「業務の種類」欄には、たとえば「相続登記代理業務」といった記載が必要とされています。

2 顧問会社の新入社員の身元調査 Case では、顧問会社の新入社員の出自調査が目的であって、法律事務の依頼ではありません。したがって、弁護士の職務を行うための依頼ではありませんから、職務上請求による戸籍謄本の取り寄せはできません。どうしても職務上請求書を用いて戸籍謄本を取り寄せようとすると、虚偽の事実を記載して請求することになりますが、これが許されないのはいうまでもありません。職務上請求書の虚偽記載を理由に弁護士が懲戒された例が複数あります。

【Check Point】
□職務上請求の利用は、依頼による法律事務を行う場合に限られる。

[市川充]

◀コラム▶ 戸籍等の本人通知制度

　弁護士等の一定の専門職は、職務上請求により戸籍や住民票の情報を取得することができます。他方で、個人情報に関する国民の関心が高まり、自己の戸籍等が第三者によって取得された場合に、その旨の通知を市町村から受けることができる制度が設けられています。不正な取得を抑止し、不正な取得があった場合に被害の回復等を図ることになります。

　本人通知制度は、国が法令で定めて実施する制度ではなく、各市町村が独自に要綱等を定めて実施するものですが、すべての市町村において実施されているものではなく、実施している市町村はまだそれほど多くはないようです。当該市町村が実施しているかどうかは、各市町村のウェブサイト等で確認することができます。

　また、本人通知制度の内容も市町村によって異なります。大きく分けると、本人通知制度には、事前登録型と被害告知型の２つがあります。事前登録型は、市民が事前に市町村に登録をしておき、自己の戸籍等の取得請求があった場合に、本人にその旨を通知するものです。請求した第三者を明らかにしない市町村もありますが、開示請求により明らかにするところもあります。被害告知型は、事前登録をしなくとも、不正取得の事実が明らかになった場合に本人に通知するという制度です。

　たとえば、弁護士が取得目的について事実と異なることを記載して職務上請求をした場合、本人通知制度によって事実と異なる職務上請求をしたことが明らかになることがあります。弁護士が職員任せにして職務上請求を行う場合などは起こりやすいことですので、注意が必要です。　　　　　　　　　　　　　　　　　　　　［市川充］

Q34: 弁護士会照会回答書のコピー交付

弁護士会照会によって交通事故の実況見分調書の写しを取得しました。交通事故の被害者である依頼者は、そのコピーがほしいといっていますが、渡してよいのでしょうか。服役者の服役場所に関する回答書は、どうでしょうか。

A: 具体的状況により第三者のプライバシーを侵害するかを判断することになります。

〔 解 説 〕

1 弁護士会照会　弁護士法23条の2により、弁護士は、受任事件につき所属弁護士会を通じて公務所または公私の団体に照会することができます。交通事故の被害者から損害賠償請求事件を受任した場合、交通事故の態様を確認して主張立証するため、弁護士会照会により警察署または検察庁に対して実況見分調書の写しの交付を求めることが頻繁に行われています。

また、犯罪被害者から加害者に対する損害賠償請求事件を受任した場合、被告となるべき者の住所地を確認するために加害者である服役者の服役場所を弁護士会照会で調査することもあります。

2 相手方等のプライバシー保護　弁護士は、依頼者に対する守秘義務を守りさえすればよいわけではなく、相手方を含めた第三者のプライバシーをも保護しなければならないと解されています。したがって、弁護士が依頼された事件を進めるために必要な限度を超える事項であって、それが第三者のプライバシーを侵害するような場合は、当該情報を依頼者に開示することは制限されると解されています。

3 実況見分調書と服役場所　実況見分調書については、それが第三者のプライバシー保護との関係で問題となることは考えにくいのですが、服役情報に関しては、プライバシー保護との関係で問題となり得ます。現に、弁護士会には、弁護士会照会回答書を依頼者に渡すことは慎重にするように注意しているところがあります。

【Check Point】

□弁護士会照会回答書をそのまま依頼者へ開示するのは控える。

[市川充]

Q35: 子の連れ去り指導

妻と別居中の夫から離婚事件を依頼されましたが、「1歳の息子の親権をどうしても取りたい」というので、「子どもに会いたいといって妻から子を引き渡されたら、そのまま子どもを連れて隠してはどうですか」とアドバイスしました。問題ないでしょうか。

A: 問題があります。そのようなアドバイスはすべきではありません。

〔 解 説 〕

1 違法行為の助長の禁止　弁護士は、違法・不正な行為を助長・利用してはならず（職務基本規程14条）、依頼者の正当な利益の実現に努めなければなりません（同21条）。また、依頼者が違法な行為に及ぶことがないよう説得等により避止させる義務を負うこともあるとされます（解説16頁）。

2 子の連れ去り　子の連れ去りは、母親が子を連れて別居することが許容されることもあるように、すべてが違法とされるわけではありませんが、違法とされる例も少なくなく、時に刑事罰（未成年者略取）の対象ともなり得ます。特にハーグ条約に基づく国内法の施行後は裁判実務もより厳しくなっていると考えます。したがって、それ自体慎重な判断が必要ですが、Case のように、面会交流中に子を連れ去り、隠匿してしまう行為は、違法とされる可能性が高いと解されます。

3 子の連れ去りの指導　弁護士が子の連れ去りを指導することは、依頼者の不当な利益の実現に寄与し、違法行為を助長するものと考えられます。母親に子の連れ去りを指導した弁護士に不法行為が成立するとした裁判例があり、そこでは、単独親権下にある子を親権者のもとから連れ出すにあたっては、特段の事情のない限り、訴訟手続か調停手続を経るべきであり、実力行使に及ぶことは許容されない、とされています。

【Check Point】

□子を思う依頼者の情に流されず、適法性を慎重に吟味する。

［加戸茂樹］

◀ コラム ▶ 依頼者の違法行為にどう接するか

　弁護士は、依頼者の違法行為に直面することが避けられません。依頼者は違法行為をするはずがないと確信している弁護士は、聖人君子の依頼者ばかりなのでしょう。

　それでは、依頼者が違法行為をしようとする例として、賃貸マンションの賃借人が1年以上も賃料を滞納しているため、ドアの鍵を換えてしまうことの相談があった場合を挙げてみます。大半の弁護士は、「鍵を換えてはいけない」と忠告する対応でしょう。しかし、依頼者が強硬で、今から鍵を換えに行くといったらどうでしょうか。多くの弁護士は「やめるべきだ」というでしょうが、身体を張って依頼者の行動を止めることまではしないと思われます。

　ところが、現実に鍵を換えられた賃借人が賃貸人である依頼者に詰め寄ったら、「弁護士も止めなかったからだ」と弁解し、それを聞いて押しかけてきたらどう回答しますか。「私は鍵を換えてはいけないと何度も注意しましたが、聞き入れませんでした」との回答ですぐ引き下がるでしょうか。「弁護士は正義の味方だから大家が鍵を換えるのを実力でも止めるべきだろう」と責め立てることがあり得ます。

　依頼者の違法行為への積極的関与の実例として、子の連れ去りを指導することがあります。離婚交渉中の夫あるいは妻に対し、「子の親権を取りたければ実際に養育しているという実績がものをいうから、連れて行ってしまいなさい」と指導するのです。子の連れ去りがすべて違法行為だとはいいいませんが、このような指導は依頼者にとっては歓迎されますが、社会全体から支持されるでしょうか。

　依頼者の違法行為にどう接するかは実に難しいのです。

[髙中正彦]

Q36: 依頼者の自力救済の容認

建物の賃貸管理業を営む会社から、「ある賃借人が家賃を6か月も支払わない。当社名義で何度も督促してもなしのつぶてなので、家賃を支払わなければドアの鍵を取り換えるという内容証明を弁護士名で出してほしい」と相談されました。どうすればよいでしょうか。

A: そのような依頼に応じてはいけません。

〔 解 説 〕

1 違法行為の助長　許されない自力救済に弁護士が関与することは、職務基本規程14条違反、21条違反の問題となるほかに、同5条（信義誠実）、31条（不当な事件の受任）にも抵触します（解説17頁）。事件処理の方法において明らかに不当な事件といえるからです。

2 自力救済の禁止　貸室のドアの鍵を換える行為は、賃借人の占有を正規の法的手続によらずに私的な実力をもって排除することにあたり、自力救済として違法となります。一般に、自力救済については「法律に定める手続によったのでは、権利に対する違法な侵害に対抗して現状を維持することが不可能または著しく困難であると認められる緊急やむを得ない特別の事情が存する場合においてのみ、その必要の限度を超えない範囲内で、例外的に許される」とされていますが、**Case** では、そのような事情は全く窺えません。

3 弁護士の自力救済への関与　弁護士自らは自力救済行為を行わずに依頼者に教示するだけでも、違法行為の助長として懲戒問題とされます。まして、弁護士の名義で自力救済行為を行う旨を予告する内容証明郵便を出すことは、違法な手段で家賃の支払いを督促していることになりますから、許されるものではありません。なお、懲戒事例の中に、弁護士が依頼者の自力救済行為に関与した事案が複数あります。

【Check Point】

□依頼者のためなら手段を選ばない弁護士は、もはや法律家の名に値しない。

[加戸茂樹]

◀ コラム ▶ 依頼者が行う自力救済

　代理人として行う自力救済は自分がしなければよい（依頼者に頼まれても断る）だけですが、依頼者が勝手にしてしまう自力救済の場合はやっかいです。裁判例には、「自己の受任した法律事務に関連して違法な行為が行われるおそれがあることを知つた場合には、これを阻止するように最大限の努力を尽すべきものであり、これを黙過することは許されない……単に弁護士倫理の問題であるにとどまらず、法的義務である」としたものがあります（東京地判昭和62・10・15 判タ 658 号 149 頁）。この裁判例によれば、「最大限の阻止努力義務」があるかのようですが、この判示に対しては、当該「事案は、当該弁護士自身が当該法令違反行為に一定程度関与した場合に関するものであるから、弁護士がどの程度法令違反行為の阻止に努めるべきかは当該弁護士のおかれた状況等によっても異なる」との指摘があるように（解説 152 頁）、常に最大限の努力義務があるわけではないでしょう。ただ、どの程度かは別として阻止に努めるべき義務があり、特に自力救済の場に居合わせた弁護士であればその場で阻止をしないと、関与したと疑われかねません。それとともに阻止した証拠を確保することも念頭に置くべきでしょう。既になされてしまった自力救済については、原状回復を図るように依頼者を説得し、容れられなければ辞任するしかありませんが、いきなり辞任するとかえって無責任と思われることもあります。難しい選択ですが、情理を尽くして依頼者を説得し、その同意を得て相手方に原状回復に努める旨の弁明をすることなども検討されるべきケースもあると思います。　　　　　　　　　　　　　　　　［加戸茂樹］

Q37: 違法な議事進行への同席弁護士の対応

顧問会社の支配権を争っている事案で、現社長から「臨時株主総会で私の取締役解任議案が審議されることになったのですが、先生には株主総会に同席してもらい、議長の私を側面から補佐してほしい」と依頼されました。何に気を付ければよいでしょうか。

A: 議長を務める現社長が自らの解任議案について違法な議事運営をしないように注意すべきです。

〔 解 説 〕

1 解任議案の議事運営　臨時株主総会において社長についての取締役解任議案を審議する場合、議長を務めている社長が解任決議が成立しないように議事運営をする可能性があります。たとえば、賛成と反対の株主数が拮抗している場合には、議決権数のカウントを意図的にごまかす可能性がありますし、会社法341条が規定する議決要件を無視する可能性もあります。このような取締役解任対象となっている議長の議事運営は違法であり、弁護士が議長の違法な議事運営について適法であると明言したり、脱法的な手法を助言すれば、職務基本規程14条に規定する違法行為の助長に該当するおそれがあります。ちなみに、議案が議長個人に特別の利害関係のあるものであっても、議長はその地位を回避する必要はないと解されています。

2 株主総会における弁護士の同席　株主総会に弁護士が議長の補佐役として議長席の後ろに座り、議長からの質問に対応し、議事運営に関するアドバイスをすることは、弁護士の職務の範囲内であり、現に、そのような弁護士の姿をかなり見かけます。しかし、留意しなければならないのは、その依頼者は会社であって、特定の取締役や特定の株主ではないことです。現に付き合いがあり、自分を選任してくれた現役員には、心情的に助力したいとの気持ちがつい勝ってしまいますが、依頼者はあくまで会社であることを忘れてはなりません。

【Check Point】

□会社の支配権を巡る事件については、誰が依頼者かに留意する。

[加戸茂樹]

Q38: アダルトビデオ出演拒否の違約金請求

アダルトビデオ（AV）の出演契約を締結し、出演料も支払った女性が突如出演を拒否してきたので、契約書の違約条項に基づく違約金と支払済みの出演料の返還を請求してほしいとの依頼を受けました。受任してよいでしょうか。

A: いずれも受任するのは問題があります。

〔 解 説 〕

1 AV出演被害防止・救済法（AV新法） Caseと同種の懲戒事案で、懲戒しない旨の決定がなされたことがありますが、AV新法が制定施行された現在では、状況が異なります。まず、違約金請求ですが、AV新法は、AV出演契約の無効、取消しおよび解除に関する特則を規定し（同10条～13条）、出演者の不履行について違約金を定める条項は無効としています（同10条2項）。したがって、AV新法施行後は、違約金の請求自体が違法ですから、職務基本規程5条、6条、14条、21条、31条等に照らして受任すべきではありません。違法な請求でも相手方が無効主張をするとは限らないから請求自体は許されるという考え方もありえるかもしれませんが、AV新法の趣旨にかんがみれば、出演を事実上強いるような事態は避けなければならず、許されないと考えるべきです。

2 支払済み出演料の返還請求 次に、出演契約が解除された場合に支払済みの出演料の返還請求は可能かについては、AV新法は出演契約の解除に伴う損害賠償の請求を禁止していますが、解除の効果としての原状回復義務を否定していませんので（同14条）、出演料の返還請求自体は、不法原因給付に該当しない限り可能のようにも思われます。しかし、AV出演契約にはさまざまな問題があることは周知のところであり（同1条、17条・18条等）、出演料の返還請求を拒めず出演を強いられかねないこと、弱い立場にある出演者に弁護士名で請求をすることの当否等（同19条）を踏まえ、極めて慎重に検討する必要があります。

【Check Point】

□法律で禁止されていないからといって、何でも請求してはいけない。

〔加戸茂樹〕

Q39: 別居中の夫宛に来た手紙の開封

離婚事件の依頼者である妻から、「長いこと別居中の夫宛に○○銀行からの親展の郵便が届きました。私の知らない預金口座の可能性があり、預金残があれば、未払いの婚姻費用に充てるように請求したいと思います。開封してもよいですよね」と訊かれましたので、「開封してもいいですよ」と回答しました。問題ありますか。

A: 開封してよいとの回答は、問題です。

[解 説]

1 違法行為の助長 弁護士が違法な自力救済に関与することは、職務基本規程14条違反、21条違反となるほかに、同5条（信義誠実）と31条（不当な事件の受任）にも抵触するものです（解説17頁）。事件処理の方法において明らかに不当な事件といえるからです。

2 封書の無断開封 離婚事件の相手方となっている別居中の夫宛の親書を夫に無断で開封することには正当な理由はなく、信書開封罪（刑133条）も成立し得ます。仮に、夫が預金口座を隠匿している可能性があり、婚姻費用を滞納しているとしても、それだけで自力救済が許されるわけではありません。一般に、自力救済については「法律に定める手続によったのでは、権利に対する違法な侵害に対抗して現状を維持することが不可能又は著しく困難であると認められる緊急やむを得ない特別の事情が存する場合においてのみ、その必要の限度を超えない範囲内で、例外的に許される」とされていますが、**Case** はこれに当たりません。

3 開封行為の許容 弁護士が違法な信書開封に許容の回答をすることは、違法行為を助長したことになります。むしろ、依頼者の無断開封を制止する責務があります。**Case** では、外観から銀行名等が分かるのですから、夫に当該銀行の口座の有無を問い合わせることができますし、調査嘱託等の正当な法的手段で預金口座を調査すべきです。

【Check Point】

□自力救済が認められる例は現実にはまれである。 ［加戸茂樹］

Q40: 立退き後の残置物の廃棄

長期間にわたって賃料を滞納していたアパート賃借人に対し、内容証明郵便で立ち退きを求めたら、出て行きました。依頼者の大家から、「アパートの部屋に入ったら、使い古しの布団、冷蔵庫、洗濯機が残っていました。こちらで処分してもよいですよね」と尋ねられましたので、「処分してもいいですよ」と答えました。問題ありますか。

A: 自力救済を了承するものであって、問題があります。

〔 解 説 〕

1 残置物の無断処分 賃借人が退去後に残置した動産の所有権を放棄したことが明らかな事情があれば別ですが、使い古しとはいえ価値がゼロではない残置物があったというだけで所有権放棄の意思を認定するのは困難です。そうすると、残置物の処分が自力救済に当たるかが問題となります。一般に、自力救済については「法律に定める手続によったのでは、権利に対する違法な侵害に対抗して現状を維持することが不可能又は著しく困難であると認められる緊急やむを得ない特別の事情が存する場合においてのみ、その必要の限度を超えない範囲内で、例外的に許される」とされています。**Case** では、法的手続によることができない緊急やむを得ない特別な事情があるとはいえません。

2 残置物の処分を承諾する条項 賃貸借契約書に、退去後の残置物は賃貸人がいかように処分してもよいとの条項がある場合はどうでしょうか。そのような条項自体は適法と解されますが、それを適用する前提として、居室の占有が放棄されたことが必要です。**Case** では「出て行きました」とありますが、一時的不在との区別は難しく（実際、布団や家財道具があります）、鍵を返還してもらったなどの事情がなければ、占有放棄の認定は困難なように思います。

【Check Point】

□いかに価値がないと思われる物でも正規の強制執行を厭ってはいけない。

［加戸茂樹］

Q41: FX 投資会社への顧問就任依頼

　投資詐欺で有罪判決を受けた元被告人から、「無事に社会復帰ができました。このたび FX 投資の会社を立ち上げたので、法律顧問をお願いしたい」と言われました。顧問に就任しても大丈夫でしょうか。

A: FX 投資の会社の内実に問題がなければ法律顧問に就任してもよいでしょうが、代表者が投資詐欺で有罪判決を受けた人ですから、法律顧問に就任しない方が無難です。

〔 解 説 〕

1 詐欺的取引その他の違法または不正な行為　職務基本規程 14 条は、詐欺的取引その他の違法または不正な行為を助長することを禁止していますが、詐欺的取引とは、正常な取引の外形を装っているものの、実質は相手方を欺罔して錯誤に陥れ、不当な利益を図る取引をいいます（解説 31 頁）。FX（外国為替証拠金取引）は、外国為替の差益に着目した金融取引ですが、ハイリスク・ハイリターンといわれています。FX 投資会社は現にたくさんあり、投資家のニーズに応えていますが、中には、FX 投資を謳う詐欺的会社があります。FX 投資すべてが詐欺的取引とはいえませんが、その会社を設立したのが投資詐欺の前科を持つ人であったことを重く見なければならないと考えます。弁護士は性善説に立っていると危険です。

2 助長　助長とは、違法・不正であることを知りながら、これを第三者に推奨したりして、違法・不正の実現に手を貸し、その存続または継続を支援することをいうとされ、また、職務基本規程 14 条違反の成立には、違法・不正な行為と知っていたことを要するとされています（解説 32 頁）。元被告人を 100% 信頼し、当該会社は違法・不正な行為をしていないと信じ切っていた場合には、同 14 条違反に問われない可能性があります。しかし、弁護士法 56 条の懲戒事由は、品位を失うべき非行ですから、知らなかったとしても、懲戒処分を受けることはあり得ます。

【Check Point】

□詐欺商法では弁護士を巧みに利用しようと近づいてくる。　　［髙中正彦］

Q42: 性風俗店経営会社からの監査役就任依頼

各地でレジャー施設を運営している会社から、監査役への就任を依頼されましたが、会社案内を読むと、ソープランド3店、ホストクラブ3店、キャバクラ5店を経営していました。就任してもよいでしょうか。

A: 性風俗店を営む会社の監査役に就任してはいけないとはいえませんが、その会社が営む性風俗営業がどのような社会的評価を受けているかを検討した上で、就任しないという選択もあると考えます。

〔 解 説 〕

1 品位を損なう事業への参加　職務基本規程15条は、公序良俗に反する事業その他の品位を損なう事業に参加することを禁止していますが、国民の価値観が多様化し、弁護士の活動領域も拡大している状況にかんがみると、風俗営業の一事をもって弁護士の品位を損なう事業だと断定できません。最後は健全な社会通念にしたがって判断することになります（解説33頁）。この観点からすると、性風俗産業であるソープランド、ホストクラブ、キャバクラは、社会的には好印象を持たれていない業態であることは確かだと思いますが、これらに参画することが直ちに弁護士としての品位を損なうかというと、疑問が残らざるを得ません。最終的には、当該店舗の個別の営業形態が社会的に見てどのように評価されているかを検討して決断することになるでしょう。ちなみに、アダルトビデオの出演者をインターネットで募集した会社の顧問を務めていた行為が品位を失うべき非行とされて懲戒処分を受けた例があります。

2 営利業務従事における品位保持　職務基本規程16条は、弁護士が営利を目的とする業務を営む者の取締役、執行役その他業務を執行する役員になったときは、品位を損なう行為をしてはならないと規定していますが、監査役は、業務を執行する役員ではありません。しかし、同規程15条は、業務を執行する役員としての参画に限定していませんから、監査役であっても適用があります。

【Check Point】

□性風俗産業を営む会社への監査役就任は、慎重に判断する。［髙中正彦］

Q43: 品位を損なう事業の共同経営の勧誘

友人が経営する会社は、共有不動産の共有持分を買い取り、共有物分割請求をして、他の共有者に共有持分を買い上げさせたり他の共有者の持分を買い取って全部の持分を取得する事業をしています。その友人から、「共有物分割手続に関する指導をしてほしいので、共同経営者になってほしい」といわれました。受けてもよいのでしょうか。

A: 共有不動産の共有持分を買い取った後に行う他の共有者への持分買上げ要求や他の共有者の持分買取りの行為が、強引な商法として社会的に問題視されていれば、共同経営者になるのは止めるべきです。

〔 解 説 〕

1 品位を損なう事業 職務基本規程 15 条は、弁護士が品位を損なう事業に参加することを禁止していますが、何がそれに当たるかは、社会通念に照らして多面的に検討する必要があります（解説 33 頁）。一般的には既存の共有者と全く関係のない第三者が共有持分を取得する合理的な根拠は薄いといえます。しかし、共有持分の換価を希望する人のニーズに応えるための買取会社がビジネスとして成り立ち、著名な金融グループにもそのような会社が設立され、業務をしています。そうすると、社会通念に照らし、共有不動産の共有持分買取会社が品位を害するとは断定できません。

2 品位を損なう強引な商法 問題は、共有持分買取会社が行う買取り後の行動です。第三者が共有持分を持ち続ける合理的な理由はあまりなく、買い取った共有持分をいかに高く換価するか、買い取った共有持分を基礎として全部の持分を取得して巨利を手にするかが目標であるのが一般です。その場合、当該不動産の共有持分権者に強引な手法による持分譲渡や持分買取が行われ、社会的に指弾される可能性があります。弁護士が共同経営者になれば、品位を損なうと評価されることはあり得ると考えます。

【Check Point】

□事業目的に問題がなくとも業務手法が品位を損なうことがある。

［髙中正彦］

Q44: 駐車場経営における無断駐車対策

　親から相続した土地を整備して駐車場として運用していますが、無断駐車が多くて困っています。「無断駐車には罰金5万円をいただきます」との看板を出し、現実に無断駐車をした人には、駐車車両のフロントガラスに「無断駐車です。罰金5万円を下記に振り込んでください」との紙を糊で貼り付け、送金がない人については、弁護士である私自身が自宅まで行って取り立てています。それでも支払わない人には「裁判を起こします」といっていますが、問題はありますか。

A: 無断駐車をした人に強制的に「罰金5万円」を支払わせることはできませんから、任意の支払いを求める限度を超えて支払いを強要すれば品位を損なう行為に当たります。

〔 解 説 〕

1 営利業務従事における品位保持　職務基本規程16条は、弁護士が自ら営利を目的とする業務を営むときには、営利を求めることにとらわれて品位を損なう行為をしてはならないと規定しています。平成15年に営利業務従事についての所属弁護士会の許可制度が廃止されましたが、経済的利潤を追い求めるあまり品位を損なう行為に走らないよう注意喚起した規定です（解説34頁）。相続した土地を駐車場として運用することは営利を目的とする業務ですから、品位を損なわないようにしなければなりません。

2 無断駐車に対する罰金の請求　駐車場に Case のような看板を見かけますが、罰金という刑事罰のネーミングはさておいても、無断駐車をした人から強制的に金員を徴収することはできません。土地所有権を侵害した不法行為による損害賠償と捉えることもできますが、そうであっても強制的に徴収できるものではありません。フロントガラスに糊で張り紙を貼る行為は、簡単に剝がれるものである限り、無断駐車をした人の自宅に行って金員を取り立てる行為は、平穏な形で行われる限り、ぎりぎり社会的に許容される範囲内といえますが、現実にはその考えがないのにことさら「裁判を起こします」というのは、品位を失う可能性が大きいと考えます。

【Check Point】

□駐車場の経営にも、弁護士としての品位が求められる。　　　［髙中正彦］

Q45: 債務整理事件での売却対象土地の譲受け

　任意整理事件の依頼者が複雑な抵当権がついた土地の売却活動をしていますが、買受け希望がありません。そのため、弁護士がその土地を鑑定評価額（被担保債権額控除後）で買い取り、任意整理事件の終了後、抵当権の整理をして売却しようと考えています。問題ないでしょうか。弁護士の妻名義で買い取ることはどうでしょうか。

A: 係争の目的物の譲受けに該当する可能性があります。妻名義でも、脱法的な係争目的物の譲受けに当たる可能性があります。

〔 解 説 〕

1 係争権利・係争の目的物の譲受けの禁止　弁護士法 28 条は、弁護士が係争権利を譲り受けることを、職務基本規程 17 条は、弁護士が係争の目的物を譲り受けることを禁止しています。表現は異なりますが、内容は同じと考えられます（解説 35 頁）。「係争権利」「係争の目的物」の意義については、訴訟・調停その他の紛争解決機関に係属中の権利に限定する限定説と紛争中の権利一切とする非限定説とがありますが、限定説が有力です（解説 36 頁）。しかし、限定説を採用しても、紛争解決機関に係属していない権利・目的物であれば弁護士が自由に譲り受けてよいわけではありません。立法趣旨である弁護士が自らの地位を利用し自らの利益のために手段を選ばなくなるおそれの有無に立ち返って検討する必要があります。

2 任意整理事件遂行のための不動産譲受け　倒産事件の処理過程で、倒産会社の財産を信託的に譲り受けることについては、弁護士の計算における譲受けではないことから、職務基本規程 17 条に違反しないとされています（解説 36 頁）。しかし、**Case** では、最終的に抵当権の整理をしたうえで売り抜けることが予定されていますから、弁護士の計算のもとに不動産を譲り受けることが明らかです。なお、妻名義で譲り受けることは、上記禁止の脱法行為と認められる可能性が極めて大きいと考えます。

【Check Point】

□倒産会社の所有地で一儲けを企んではいけない。　　　　　　［髙中正彦］

Q46: 賃借人居抜きによる土地建物の買取り

　不動産業者に依頼して自宅用の一戸建てを探していたところ、一時使用目的の建物賃貸借契約を締結している賃借人が住む一戸建ての居抜き買取りを紹介されました。「先生の所有名義にして、法的手段を駆使した立退き要求をすれば簡単に出て行きますよ」といってますが、買い受けてよいでしょうか。

A: 係争の目的物に当たる可能性があります。

〔 解 説 〕

1 係争権利・係争の目的物の譲受けの禁止　弁護士法 28 条は、弁護士が係争権利を譲り受けることを、職務基本規程 17 条は、弁護士が係争の目的物を譲り受けることを禁止しています。表現は異なりますが、内容は同一です（解説 35 頁）。「係争権利」「係争の目的物」の意義につき、紛争解決機関に係属中の権利に限定されるとする限定説が有力です（解説 36 頁）が、限定説を採用しても、紛争解決機関に係属していない権利・目的物であれば自由に譲り受けてよいと考えるのは危険です。上記規定の立法趣旨は、係争権利・係争目的物の譲受けを自由にすれば法律専門家の弁護士が自らの地位を悪用し自らの利益獲得のために手段を選ばなくなるおそれがあるので、これを防止することですから、それに抵触すれば、弁護士法 56 条の「品位を失うべき非行」に当たり、懲戒される可能性があります。

2 一時使用目的の建物賃貸借契約の賃借物件の買取り　一時使用目的の建物賃貸借契約には借地借家法の適用がなく、その解約手続は民法の定めに従うことになります。しかし、だからといって簡単に立ち退きが実現できるとは限りません。一時使用目的自体が争われると、明渡し交渉は難航することが必至です。このように、一時使用目的の建物賃貸借契約の解約が紛争に移行し、紛争解決機関に係属する可能性が十分にあります。したがって、弁護士の所有名義にしたうえで法的手続を駆使した明渡し交渉を予定している不動産の譲受けは、弁護士法 28 条・職務基本規程 17 条の趣旨に抵触する可能性が大いにあると考えられます。

【Check Point】

□訴訟等に移行する可能性のある物件は買い受けない。　　　　　［髙中正彦］

Q47: 弁護士報酬としての不良債権の代物弁済

貸金業者から債権回収の依頼を受けましたが、「弁護士報酬を現金で支払うのが難しい。当社の不良債権を譲渡するので、それを取り立てて報酬に充ててもらえないでしょうか。不良債権の額面は大きいものにします」と言われています。受けてもよいでしょうか。

A: 不良債権なのでその取立てには相当の困難が伴い、紛争に至ることもかなりあると思われますから、譲渡を受けずに、不良債権回収の法律事務を行い、回収金から弁護士報酬を受けるべきです。

〔 解 説 〕

1 係争権利・係争の目的物の譲受けの禁止 弁護士法 28 条は、係争権利の譲受けを、職務基本規程 17 条は、係争の目的物の譲受けを禁止していますが、両者の内容は同じです（解説 35 頁）。「係争権利」「係争の目的物」の意義については、訴訟・調停その他の紛争解決機関に係属中の権利に限定されるとする限定説と紛争中の権利一切をいうとする非限定説とがありますが、限定説が有力です（解説 36 頁）。しかし、紛争解決機関に係属していなければどのような権利譲渡でも許されるわけではありません。他人の権利を譲り受けたうえで弁護士の地位を利用して自らの利益を確保するために手段を選ばない権利行使をすれば、弁護士法 56 条の品位を失うべき非行とされます。

2 弁護士報酬の代物弁済 弁護士報酬は必ず金銭でなければならないわけではなく、依頼者が所有する有価物を代物弁済として給付することも許されます。したがって、不良債権を弁護士報酬の代物弁済とすることには問題がなさそうに見えますが、不良債権ですから、それを回収するには相当の困難が予想され、法的手続を採ることも十分に予想されます。そうすると、弁護士がその地位を利用して自らの利益獲得のために手段を選ばない債権回収を断行する危険性があることは明らかです。不良債権の額面総額も報酬額を上回ることが予定されていますから、その危険性はさらに高まります。

【Check Point】

□弁護士報酬の代物弁済として依頼者の財産を譲り受けない。［髙中正彦］

Q48: 事務職員等による補助業務

戸籍謄本の職務上請求の手続を事務職員に任せていたところ、職務上請求の要件を満たさない案件であるにもかかわらず、事務職員の判断で虚偽の理由を記載した職務上請求書を市役所に送付し、住民票の交付を受けてしまいました。弁護士も責めを負うでしょうか。

A: 事務職員が行ったものであっても、弁護士の監督責任を問われて、懲戒処分を受ける可能性があります。

〔 解 説 〕

1 事務職員等の監督義務 弁護士は、事務職員、司法修習生その他の自らの職務に関与させた者が、業務に関して違法・不当な行為に及ぶことがないように指導と監督をする義務を負っています（職務基本規程 19 条）。職務基本規程に例示されているのは、事務職員と司法修習生ですが、ほかには、エクスターンシップ制度に基づいて指導する法科大学院生も含まれますし、司法書士を登記手続等の補助者として関与させた場合には、その司法書士も「職務に関与させた者」に当たり得ます（解説 42 頁）。

2 職務上請求にあたっての留意点 職務上請求は、戸籍法や住民基本台帳法で認められた目的の範囲内でのみ行うことが認められるもので、その範囲を逸脱して職務上請求をすれば、品位を失うべき非行として懲戒処分の対象となり得ます。この点を理解せずに、漫然と相手方に関する情報を得るために「訴訟の準備のため」などと職務上請求書に記載をして職務上請求をすることは認められません。実際に職務上請求書に虚偽の理由を記載して懲戒処分を受けた例が複数ありますので、注意が必要です。

　弁護士が職務上請求書の作成・郵送事務を事務職員に委ねることは少なくないと思われますが、日ごろから事務職員に対しても職務上請求の意義やルールの指導等を徹底しておくことが求められます。

【Check Point】

□職務上請求のルール等について事務職員の指導監督を徹底する。

［安藤知史］

Q49: 事務職員等による記録の管理

事務職員に事件記録の整理や管理をさせていたところ、依頼者から提出された本人確認書類に関する記録や本人確認書類の写しを紛失してしまうというトラブルが起きました。弁護士は、日ごろから事務職員をどのように監督すべきでしょうか。

A: 本人確認書類の取扱いについても、事務職員に対する教育訓練に努める必要があります。

〔 解 説 〕

1 事務職員等の指導監督 弁護士は、自らの職務に関与させた事務職員に対する指導監督義務を負っています（職務基本規程 19 条。**Q48** 参照）。

2 本人特定事項の確認記録の保存等 本人確認書類に関しては、マネーロンダリング防止に関する職務の適正を確保することを目的として、「依頼者の本人特定事項の確認及び記録保存等に関する規程」（以下「本人確認等に関する規程」といいます）が制定されています。その 9 条は、弁護士が本人特定事項の確認ならびに確認記録および取引記録の作成・保存の措置を的確に行うために、いくつかの措置を講ずるよう努めなければならないものと定めていますが、その中に「事務職員に対する教育訓練の実施」が挙げられています。これは、あくまで努力義務ですが、本人特定事項の確認のために依頼者から提示を受ける本人確認書類やその内容の記録等は、特に厳重な管理が求められる資料であり、万一紛失や流出といった事態が生じれば、大きなトラブルに発展する可能性があります。したがって、本人確認等に関する規程の趣旨を踏まえ、日ごろから事務職員に対する教育訓練に努めることが求められます。具体的には、事務職員に対するマニュアルの交付や研修の実施、記録等の保管体制のチェックと整備、情報へのアクセス権限の管理等の対応が考えられます。

【Check Point】

□事務職員への教育訓練や情報管理体制の整備が重要である。

［安藤知史］

Q50: 事務職員の業務への関与

　広告を通じて残業代の請求事件を多数受任していますが、事務作業が大変なので、残業時間についての依頼者からの聞き取り、資料集めについての依頼者への指示などはマニュアルを作って事務職員に任せています。問題ないでしょうか。

A: 弁護士の指導監督が及んでいない可能性もあり、問題があります。

〔 解 説 〕

1 事務職員への指導監督　弁護士は、自らの職務に関与させた事務職員に対する指導監督義務を負っています（職務基本規程 19 条。**Q48** 参照）。**Case** では、弁護士がマニュアルを作成しているとはいうものの、依頼者からの聞き取りや資料収集の指示などは事案によってさまざまであり、その具体的な対応を事務職員に任せている場合には、十分な指導監督がなされていないと評価されるおそれがあります。

　なお、事務職員が事件の相手方に対し弁護士名で内容証明郵便を作成・発送したり、示談交渉したりする等の法律事務をした事案について、事務職員の監督義務に違反し品位を失うべき非行にあたるとされた日弁連綱紀委員会の議決があります。

2 非弁行為との関係　弁護士でない者が報酬を得る目的で法律事務を取り扱うこと（非弁行為）は禁止されています（弁護士法 72 条、職務基本規程 11 条）。弁護士が、補助者として事務職員をして法律事務の一部に当たらせることは当然に許されると考えられますが、その場合でも、あくまで法律事務に関する判断の核心部分が法律専門家である弁護士自身によってなされており、かつ事務職員の行為が弁護士の判断によって実質的に支配されていることが必要です。依頼者対応を事務職員に任せきりにしていると、事務職員が弁護士の支配が及ばないところで法律事務を取り扱ったとされ、監督責任が問われます。

【Check Point】

□事務職員に業務の一部を任せきりにしてはならない。　　　　　　［安藤知史］

ノボル：司法研修所では、弁護教官から、依頼者のために最善を尽くしなさいと指導されましたが、実務に就いてみると、その依頼者が一番難しいことが分かってきました。

兄　弁：テレビドラマでは不条理な相手方をコテンパンにやっつけたり、法廷で舌鋒鋭い尋問により敵性証人をしどろもどろにさせる弁護士ばかりだから、依頼者の関係で気をつけるようなことはないと考えてしまうのも無理ないね。

ノボル：無理難題を言ってくる依頼者、何を言いたいのかが分からない依頼者、頑固一徹で弁護士のいうことに反発する依頼者、前に言っていたことを覆す依頼者、すぐ感情的になる依頼者など、本当に苦労しています。

姉　弁：うちは一般民事が主だからね。ただ、大規模事務所ではそんな対依頼者の問題が一切ないかといえば、そうでもないようよ。

ノボル：依頼者の関係で最も気をつけるべきことは何ですか。

兄　弁：言い古されているけど、依頼者の権利・利益を最大限に擁護することだね。職務基本規程には、依頼者の意思を確認する義務、事件の見通し・処理方法・弁護士報酬の説明をする義務、委任契約書を作成する義務、事件処理経過を報告する義務等が規定されているが、簡単なように見えても、なかなか難しいんだよ。

ノボル：基礎的なことが大切ということですね。

姉　弁：弁護士倫理の二大義務の１つとされるのが守秘義務だけれど、これが最近理論的に深化していることも忘れないでね。刑法各論の秘密漏示罪は司法試験ではあまり重要ではないけれど、実務では基本的義務なのよ。守秘義務違反の懲戒処分も見られるようになっているわね。

ノボル：そうですか。刑法の秘密漏示罪なんて軽く見てました。

兄　弁：依頼者関係の倫理を守るところから始まるね。

Q51: 秘密の保持①

　世間を大きく騒がせた著名人の刑事事件を受任しましたが、家に帰ると、妻が「知人が真相を知りたいといってるんだけど、本当はどうなの」と聞いてきます。また、同期の弁護士の呑み会でも、「本当のところはどうなんだ」と聞いてきます。どう対応すればよいのですか。

A: 身内の妻であっても、仲間の弁護士であっても、「絶対に他にはばらさないから」と約束をしたとしても、弁護人として知り得た秘密を開示することは許されません。

〔 解 説 〕

1 守秘義務の重要性　弁護士の守秘義務は、刑法134条と弁護士法23条に規定されている基本的義務です。職務基本規程23条では、依頼者に対する関係で守秘義務を改めて規定するとともに、秘密の利用行為も禁止しています。さらに、弁護士法23条は秘密保持の権利も規定し、弁護士の保有する依頼者の秘密は、第三者からの開示の強制からも守られています。弁護士は保持する依頼者の秘密を第三者に開示しないし、開示を強要されることもないため、依頼者は自己の秘密を安心して弁護士に打ち明けることができるわけです。

2 漏示の対象　職務遂行過程で依頼者から取得した秘密は、不特定または多数の者に対して開示してはならないのみならず、特定かつ少数の者に対しても開示することができません（解説60頁）。開示した相手方に漏示禁止義務を負わせたとしても、「漏らす」行為に該当します。

3 守秘義務違反が問われがちな例　守秘義務違反が問題となるのは、本件のような親族や親しい友人に対するふとした気の緩みから来る開示です。「ここだけの話だけれど」というのは、広く知れ渡ることが不可避です。決して気を許してはなりません。

【Check Point】

□妻や友にしらけられても最後まで守るのは依頼者の秘密である。

［吉川愛］

◀ コラム ▶ レイクプレザント事件とアルトンローガン事件

　２つの事件は、両方ともアメリカの弁護士の守秘義務に関する有名な事件です。レイクプレザント事件は、プレザント湖で起きた殺人事件の被疑者から、別の２件の殺人事件の関与と死体の隠し場所を告白された弁護人が、死体の隠し場所まで確認をしたが、守秘義務を前提に、遺体の発見の事実等について警察に報告をしなかったという事案です。この事件の弁護人の対応については、ニューヨーク弁護士協会からは守秘義務に関する対応として肯定されるところとなったものの、通報義務違反ということで刑事裁判にかけられました。さらに、世の中の批判にさらされ、休廃業を余儀なくされる事態となりました。アルトンローガン事件は、マクドナルドの警備員の殺人事件において、殺人容疑をかけられたアルトンローガン氏の話です。ローガン氏は一貫して容疑を否認していましたが、有罪判決を受けるに至りました。この件で、別の事件の被疑者ウィルソン氏の刑事弁護人をしていた弁護人が、マクドナルドの事件を起こしたのは、ウィルソン氏であり、ローガン氏は冤罪であるということを知ることとなります。しかし、当該弁護人は、ウィルソン氏から自分が死ぬまでこのことは秘密にしていて欲しいと言われます。最終的に、ローガン氏が服役中に、ウィルソン氏が死亡したことから、守秘義務が解除され、公表するに至ることができ、ローガン氏は 20 年以上の年月を経て釈放されました。冤罪への証言などはまさに人の生命・身体の危険が迫っている事案と言えるのではないでしょうか。殺人事件の被害者の家族や被害者本人の法益を考えると、生命・身体への危険というもの以外にも守秘義務の解除については検討の余地がありそうです。　　　　　　　　　　　　　　［吉川愛］

Q52: 秘密の保持②

　ある妻から著名な夫を相手方とする離婚事件を依頼されました。調停待合室では、妻がいろいろ聞いてきますから、それに逐一回答していますが、夫の氏名、夫の不貞相手の氏名と素性も言葉に出ています。周りでも離婚調停の相談や打ち合わせを結構大きな声でしていますから、聞こえないと思います。問題はないでしょうか。

A: 調停待合室での会話で事件当事者の秘密が第三者に聞こえてしまった場合、認識いかんによって守秘義務違反が成立し、少なくともプライバシーの侵害になります。

〔 解説 〕

1 守秘義務違反の性質　刑法 134 条の秘密漏示罪は故意犯であり、弁護士法 23 条の秘密保持義務違反も故意による漏示を対象としています。職務基本規程 23 条も、文言上故意責任であり、過失によって秘密が漏れてしまった場合は含まれません（解説 61 頁）。しかし、秘密が漏れているかもしれないという未必の故意でも十分ですから、秘密保持に関しては慎重な姿勢が要求されます。

　なお、弁護士法 23 条の「秘密」は事件の相手方を含む第三者の秘密を対象とするかの争いがありますが、仮にそれを否定しても、過失によるプライバシー侵害になり得ることは明らかです。

2 不特定多数の者に対する秘密漏示　調停待合室のような不特定多数の人が聞知し得る場所において、離婚事件の相手方である著名な夫の氏名、不貞の相手方の氏名と素性を言葉にしていれば、弁護士法 23 条の「秘密」を依頼者の秘密に限定する見解をとっても、プライバシー侵害の責任は免れないでしょう。そして、日弁連綱紀委員会の議決では依頼者の秘密に限定しない考え方が採用されていますから（解説 59 頁）、未必の故意が認定できる状況であれば、弁護士法 23 条違反が成立することが十分にあり得ます。

【Check Point】

□調停待会室では周囲の人が自分たちの会話をジッと聞いている。

[吉川愛]

Q53: 相手方の秘密開示

妻の委任を受けて、著名俳優の夫との間で離婚と財産給付について交渉していたところ、夫から、「ネットカジノにのめり込み、預金と株式は使い果たした」といわれました。この事実を私の事務所に取材に来ている芸能週刊誌の記者に話すと守秘義務違反になりますか。

A: 依頼者の夫の秘密開示についても弁護士法 23 条の守秘義務に違反する可能性がありますし、少なくともプライバシーの侵害にはなり得るので、芸能週刊誌の記者に話すことは控えるべきです。

〔 解 説 〕

1 守秘義務を定める法令等　弁護士の守秘義務については、刑法 134 条、弁護士法 23 条、職務基本規程 23 条に規定があります。刑法 134 条の「秘密」および弁護士法 23 条の「秘密」については、依頼者の秘密に限定されるか（限定説）、第三者の秘密も含まれるか（非限定説）の争いがあります。これに対し、職務基本規程 23 条は、「依頼者について」職務上知り得た秘密と規定していますから、依頼者の秘密に限定されていることが明らかです。しかし、職務基本規程 23 条は、刑法や弁護士法の規律範囲を限定する効力を持つわけではありません。

2 弁護士法 23 条の適用　刑法 134 条と弁護士法 23 条の「秘密」に関する限定説と非限定説について、日弁連綱紀委員会は、「守秘義務の対象・範囲は、依頼者はもとより第三者の秘密やプライバシーにも及ぶことは当然とされている」として、非限定説の立場を前提として議決されているものがありますので（解説 59 頁）、注意が必要です。

　Case において、依頼者の相手方である夫がネットカジノで預金と株式を使い果たしたことは秘密に当たりますから、非限定説によれば、守秘義務違反は明らかです。限定説を採用しても、夫のプライバシーを不当に侵害したとされる可能性が極めて高いと考えられます。なお、芸能週刊誌のゴシップ記事に公益性があると評価される可能性は低いでしょう。

【Check Point】
□守るべきは依頼者のみならず、事件全体の秘密である。　　　　　〔吉川愛〕

Q54: コピーの裏紙使用

大量のFAX広告に対応するため、複合機には裏紙を使用しています。ところが、ある日FAX送信された文書をそのまま依頼者に郵送したところ、「いただいた文書の裏面に戸籍謄本の一部がコピーされていましたけれど」といわれました。問題ありますか。

A: 故意に行ったものではないため、守秘義務違反になるかは微妙ですが、事件記録の保管方法に問題があることは確実であり、少なくとも職務基本規程18条違反になります。

〔 解 説 〕

1 守秘義務違反 弁護士の守秘義務を定めているのは、刑法134条、弁護士法23条、職務基本規程23条の3つの条文ですが、裏紙に印字されていた戸籍謄本は、弁護士の認識いかんによっては、守秘義務違反の可能性が出てきます。日弁連懲戒委員会議決には、刑事事件記録の裏面白紙部分をメモ用紙として利用した書類について、裏紙部分（刑事記録）と併せて依頼者に交付した事案について、弁護士法23条違反としたものがあります（解説61頁）。

2 職務基本規程18条 同条は、事件記録の保管または廃棄に際し、依頼者および第三者の秘密およびプライバシーに関する情報が漏れないように注意することを定めています。これに関連して、日弁連が制定した「弁護士情報セキュリティガイドライン」第9の1項（3）は、事件記録等を裏紙として再利用することを禁止しています。裏紙として利用する際に注意をするというのではなく、そもそも依頼者および第三者のプライバシーに関する事項が含まれる可能性の高い事件記録その他の書類は、はじめから裏紙として使用せずに廃棄処分してしまう運用を心がける必要があります。

【Check Point】

□裏紙行きとシュレッダー行きの書類は明確に判別せよ。 ［吉川愛］

Q55: 事件紹介者への辞任理由開示

友人から交通事故の被害者を紹介されましたが、後遺障害逸失利益の考え方が相違し喧嘩状態となってしまいましたので、委任契約を合意解除しました。紹介した友人からは、「辞めた理由は何か」と尋ねられましたが、話してよいのでしょうか。

A: 守秘義務は委任契約が終了した後も存続するため、秘密にわたる事情を開示して辞任の理由を説明することは、たとえ紹介者であったとしても守秘義務違反となります。

〔 解 説 〕

1 辞任した依頼者　職務基本規程23条の守秘義務は、依頼者の秘密を対象としていることは明らかです。依頼者とは、依頼を受けた事件が終了したときの過去の依頼者も含まれます（解説58頁）。

2 秘密開示についての依頼者の承諾　守秘義務は、「正当な理由」があれば解除されます。その正当な理由の1つとして、秘密主体の承諾がある場合があります。この承諾は、黙示の承諾や推定的承諾でもよいのですが、その判断は慎重になされるべきです（解説62頁）。ましてや、単なる推測で承諾があると軽信してはいけません。

3 紹介者に対する秘密開示　弁護士にとって紹介者は、自分を信頼して当該依頼者を紹介してくれたありがたい人であり、紹介者も弁護士を紹介した手前当該事件の帰趨について関心が高くなりますから、紹介にかかる依頼者に関する情報を交換しがちになります。しかし、そこに落とし穴があります。紹介者はせっかく紹介したのに辞めた理由が何かを聞きたがりますし、弁護士は紹介を受けたのに申し訳ないという気持ちがあるのです。**Case** と同種事案があり、守秘義務違反が認められています（解説60頁）ので、報告の際には守秘義務解除のため依頼者の承諾をとる必要があります。

【Check Point】

□紹介者との関係維持のために必要なら、依頼者の承諾をとって報告を。

［吉川愛］

Q56: 弁護団の情報共有

集団詐欺被害救済の弁護団に所属していますが、ある被害者から、極秘だとして、「被害者と称するある人は実際には被害を被っていない」との情報が入りました。この情報と情報提供者の氏名を弁護団のメーリングリストに載せてよいのでしょうか。

A: 情報提供者の承諾を得ない限り、集団詐欺被害救済の弁護団のメーリングリストへの投稿は、守秘義務違反となります。

〔 解 説 〕

1 弁護団事件の特性 事務所を異にする2名以上の弁護士が共同して事件処理をする弁護団事件では、受任している複数の弁護士が外部サービス（メーリングリスト等）を利用して事件情報を共有することがほとんど不可避となっています。日弁連の「弁護士情報セキュリティガイドライン」は、弁護団の参加者の範囲、授受する事件情報の内容を適切に管理することを求めています（第12、1項(1)）。また、個々の弁護士が知りうる事件情報（たとえば、個別依頼者の個人情報等）の範囲を適切に制御し、弁護団内部で事件情報が不必要に拡散することがないようにすることも求めています（同1項(2)）。

2 被害者が個別の弁護士に提供した極秘情報の取り扱い **Case** のように、被害者は、1人の弁護士に対して「極秘」との断りを付けて秘密情報を提供することがあります。そのような極秘情報については、提供の段階では弁護団を構成する全ての弁護士に共有されることを望んでいないといえます。このような状況で、当該被害者の承諾なく、弁護団全員がその内容を知ることとなるメーリングリストに投稿することは、守秘義務違反となり得ます。提供を受けた段階で、当該情報について、提供者が具体的に何を望んでおり、どのような対応をしてほしいのかを確認し、情報を共有する先を慎重に選定して個別具体的に対応すべきです。

【Check Point】

□依頼者は時として弁護団の1人の弁護士だけに「極秘」で相談する。

[吉川愛]

Q57: 懲戒請求に対する防衛

元の依頼者から、預けた書類を返さないという理由で懲戒請求を受けましたが、書類自体を預かっていません。その依頼者は、前にも他の弁護士に対して同様の恐喝事件を起こしていること、その依頼者から受任した事件は依頼者の嘘がばれて敗訴したことを答弁書に記載してよいでしょうか。

A: 弁護士自身の防御のために必要であれば記載してもよいでしょうが、必要性の判断は慎重にすべきです。

〔 解 説 〕

1 正当な理由 職務基本規程23条は、守秘義務の規定ですが、「正当な理由」がある場合には解除しています。「正当な理由」がある場合の1つとして、弁護士が元依頼者から懲戒請求や刑事告訴を受けたり民事訴訟を提起されたりしたときに、自らの権利や名誉を防衛するために必要がある場合があります（解説62頁）。

2 必要性の吟味 しかし、自己防衛の必要があるからといって、依頼者から知り得た秘密を何でも開示してよいということにはなりません。自己の権利や名誉を守るために必要な限度で許されると考えるべきです。預けた書類を返さないという懲戒請求事由に対し、預かっていないという事実の主張立証をすれば足りると思われるのに、依頼者の過去の恐喝事件や別事件での依頼者の嘘を主張する必要があるのかは相当に疑問です。

3 自己防衛の場合の留意点 元依頼者から懲戒請求を受けたり刑事告訴をされたときには、つい感情が激しやすくなります。そういうときの判断には冷静さを欠くことがしばしばです。頭に血が上ったときに、守秘義務の解除事由である正当な理由の有無の判断はできないと知るべきです。報復感情で元依頼者の秘密を暴露すると、とんでもないしっぺ返しを食うことがあります。

【Check Point】

□自己防衛のため熱くなっても、守秘義務の解除理由の判断は慎重に。

[吉川愛]

Q58: 生命・身体への危険回避

　離婚事件の依頼者である夫から、「妻の主張がウソだらけで腹立たしく、黙っていられないので、今から妻の実家に殴り込んでくる」との電話連絡がありました。結婚前に喧嘩による傷害事件の弁護をしたことがあるので、厳しく制止したにもかかわらず聞く耳を持ちません。妻の代理人、場合によっては警察に通報してよいでしょうか。

A: 生命・身体への危険が差し迫っていると判断される場合には、これを避止するために、妻の代理人、場合によっては警察に対し、夫の電話の内容のほかに、連絡先の携帯電話番号等を開示することが許されると考えられます。

〔 解 説 〕

1 秘密の開示が許される場合　弁護士法 23 条の守秘義務は、正当な理由があるときには義務が解除されるとするのが判例・通説であり、職務基本規程 23 条ではこのことが明記されています。そして、その正当な理由がある場合の 1 つとして、依頼者が殺人や重大な傷害等人命や身体に対する侵害行為を犯そうとしているときにそれを阻止するために秘密の開示が許されることがあります（解説 64 頁）。しかし、生命・身体に対する侵害行為がなされる可能性がある全ての事案に開示が許容されるわけではなく、当該侵害行為の切迫度、結果の重大性、秘密開示の必要性と相当性等を加味して総合的に判断する必要があるとされています。

2 生命・身体に対する危険　離婚事件の当事者は感情的になりやすく、代理人が付いていても直接当事者が対峙する事態になると生命・身体に対する加害行為の危険性が高まります。依頼者が相手方書面を読んで激高し、直接抗議をしてくると伝えてきた場合には、当該依頼者は抑止が利かず冷静な行動がとれない状況となっていますから、相手方の生命・身体の危険を回避するため、依頼者の秘密を開示しても許されると考えられます。

【Check Point】

□相手方の生命・身体に危険が切迫していれば、秘密開示も許される。

〔吉川愛〕

Q59: 粉飾決算の報告

東京証券取引所グロース上場企業から社債発行事務の依頼を受け、同社の帳簿を見ていたところ、粉飾らしきものを見付けたので、社長に確認したところ、粉飾を認めました。社債発行を止めるよう言いましたが、聞き容れません。粉飾の事実を東証に報告してよいのでしょうか。

A: 財産事犯における守秘義務の解除については絶対に認められないわけではありませんが、かなり限定的となります。

〔 解 説 〕

1 財産事犯における守秘義務の解除 生命・身体への差し迫った危険がある場合など、公共の利益のために必要があるときは、守秘義務が解除されることがあることは **Q58** のとおりです。しかし、財産侵害への危険回避を理由とする守秘義務の解除については、抑制的な見解が多いところです。守秘義務を負う弁護士だからこそ、依頼者は安心して秘密を打ち明けて相談ができるのであり、公共の利益を重視するあまり安易に守秘義務を解除することを認めてしまえば、弁護士に対する社会の信頼を損ないかねません。弁護士の役割は、まずは依頼者の利益を守ることであり、そのための守秘義務の遵守を疎かにしてはなりません（解説 64 頁）。

2 公共の利益確保のための秘密開示 依頼会社の粉飾を知った上で社債発行事務を進めることは、社債を引き受ける一般投資家等に多大な損失を与える可能性がありますから、内部的に社債発行を止めるように説得することは弁護士の公共的責務に照らし当然のことといえます。しかし、粉飾の事実を対外的に東証に報告することまで許されるかはかなり微妙であって、粉飾の内容と程度、粉飾を開示することによる利害得失、開示の代替可能性、開示による混乱の収束方法等の諸事情を総合的に判断することが求められるといえます。場合によっては、当該案件を辞任することも検討するべきでしょう。

【Check Point】

□第 1 に守るべきは依頼者の利益、しかし公共の利益についても考慮を。

［吉川愛］

Q60: 利益相反の同意を得るための情報開示

傷害被告事件の弁護人として被害者と示談交渉を行い、無事に示談ができたのですが、その際に、被害者から、自分の離婚事件の依頼をされました。傷害事件の被告人の同意を得ようと思いますが、被害者の離婚事件の内容をどこまで開示してよいのでしょうか。

A: 当該被害者が了解している範囲でしか離婚事件の内容は開示すべきではありません。

〔 解 説 〕

1 同意による利益相反の解除　受任している事件の相手方からの依頼による他の事件を受任することは、利益相反として禁止されますが、受任中の事件の依頼者の同意があれば、禁止が解除されます（職務基本規程27条3号）。**Case**のような、刑事事件を受任してその示談交渉の過程でその相手方である被害者から別の事件を依頼されてこれを受任することは、利益相反行為に当たり、当該被告人から同意を得ない限り受任することは許されないことになります。

2 利益相反の同意を求めるための情報開示　同意を得る過程では、相手方からどのような事件を受任しようとしているのかを説明することが必要不可欠です。示談の相手方から事件を受任してよいかと問われた依頼者は、必ずどのような事件かを質問してくるからです。しかし、そもそも離婚事件というだけで秘密の開示に当たり得ます。

　そうすると、別の事件を依頼しようとする相手方から、事件名と事件の概要を開示することの同意を取ってからでないと、依頼者に利益相反解除のための同意を求めることは極めて危険ということになります。この相手方の同意なしに事件名や事件の概要を依頼者に開示した後に依頼者が当該事件の受任を拒否した場合、どうなるかは明らかでしょう。相手方に対する守秘義務違反が残るだけです。このように、事件の受任のためであっても相手方の同意のある範囲でしか秘密を開示してはいけません。

【Check Point】
□利益相反の同意獲得のためには、守秘義務解除の同意が必要である。

［吉川愛］

Q61: 破産申立てにおける債権者情報の開示

ある大型の破産申立事件を受任し、裁判所に申し立てましたが、その直後から、リサーチ会社や新聞社の電話が殺到し、倒産原因および債権者と債権額の詳細を教えてほしいと言われています。この取材に応じて開示してよいのでしょうか。

A: リサーチ会社や新聞社は私的な団体であり、依頼者について守秘義務が解除される対象ではありません。

〔 解 説 〕

1 リサーチ会社や新聞社からの取材　大型の破産事件を申し立てると、企業情報のリサーチ会社や新聞社等から取材の電話があり、中には事務所を訪問してくることもあります。リサーチ会社や新聞社等は公益的な報道活動の一環として取材していることから、国民の知る権利に資するものと考えて、破産申立てに関する倒産原因や債権者の概要等の情報を開示している弁護士もいるように思われます。しかし、倒産原因はもちろんのこと、申立会社がどの債権者に対していくらの債務を負っているか自体が秘密に当たる可能性があります。

2 申立会社の同意に基づく取材対応　リサーチ会社や新聞社等の取材について申立会社から事前に秘密開示の同意を取っていた場合は、依頼者に対する関係では守秘義務違反の問題は起きません（解説62頁）。しかし、秘密の主体を依頼者以外の第三者も含むとする見解（非限定説）をとれば、債権者に関する各種情報を開示すれば、守秘義務違反となり得ます。依頼者の秘密に限定する限定説を採用しても、企業あるいは個人の情報を無断開示したとして違法とされる余地はあると考えられます。

【Check Point】

□リサーチ会社や新聞社等の取材対応は慎重に。　　　　　　　　　［吉川愛］

Q62: 自らの報酬基準の説明

事件依頼があったときには自らの報酬基準に基づく報酬額を説明しなければならないのですが、2003年に廃止された日弁連の弁護士報酬基準をそのまま事務所の報酬基準にし、そこに記載されている着手金と報酬金の額を説明しています。問題ないのでしょうか。

A: 旧弁護士報酬基準を事務所の報酬基準とすることは問題ありませんが、説明はきちんとする必要があります。

[解 説]

1 旧弁護士報酬基準の廃止と新たな規律　2003年の弁護士法改正までは、各弁護士会に弁護士報酬の基準に関する会規が置かれ、日弁連には弁護士会の報酬基準に関する会規が置かれていました。しかし、報酬基準会規は独占禁止法8条1項1号または4号に違反するおそれがあるとされて廃止され、弁護士は自由に報酬を定めることができるようになりました。しかし、全くの自由に任せると弊害を招くおそれがあるため、職務基本規程は弁護士の適正かつ妥当な弁護士報酬の提示義務（24条）と説明義務（29条）を設けています。また、「弁護士の報酬に関する規程」3条は、弁護士は自らの報酬基準を定めて事務所に備え置くことを義務付けています。

2 旧弁護士報酬基準の利用と説明義務　旧報酬基準は廃止されましたが、それまで適正妥当と考えられて運用されてきた報酬算定方法や額を定めたものですから、旧報酬基準を自らの報酬基準として採用し、事務所に備え置くことは何ら問題はありません。現実にも、旧報酬基準を自らの報酬基準としている弁護士は多数に及んでいます。ただし、「私の報酬基準ではいくらになります」式の結論ありきの説明は適切ではなく、自らの報酬基準を依頼事件にどのように当てはめ、どのようにして具体的報酬金額を算出したかを丁寧に説明し、依頼者の十分な理解を得る必要があります。

【Check Point】

□　「そこに置いてある報酬基準を見ておいてください」は不可である。

［吉川愛］

Q63: 適正妥当な報酬額

　交通事故の被害者から損害賠償請求事件の依頼を受けましたが、損害保険会社の提示額を控除して報酬額を定めるべきなのでしょうか。損害保険会社の提示額は支払いが確定したものではないので、これを着手金と成功報酬の額を算定する際に差し引かなければならない理由はないと考えています。どうなのでしょうか。

A: 必ずしも差し引かなければならないことはありませんが、依頼者への十分な説明が必要です。

〔 解 説 〕

1 適正・妥当な報酬額　弁護士会の弁護士報酬基準は廃止されて弁護士報酬額に対する直接規制はありませんから、弁護士は、報酬額を自由に定めることができますが、職務基本規程 24 条は、経済的利益、事案の難易、時間、労力その他の事情に照らして、適正かつ妥当な報酬額を提示しなければならないとしています。損害賠償請求事件のような金銭請求事件については、請求金額または回収金額を経済的利益とし、その額を基礎として報酬額を算出するのが一般的ですが、経済的利益を恣意的に解釈してはなりません。

2 相手方が支払いを表明している金額の取扱い　交通事故案件では、加害者が損害保険契約を締結している損害保険会社が示談の実質的権限を有していますが、その提示額は、支払いが保証されているわけではありません。この点から、経済的利益の額は損害保険会社の提示額を考慮する必要はないとする考えがあります。これに対し、損害保険会社の提示額は、支払いを争わないことを明示しているものであって、それを超える金額の有無が争点となり、弁護士の職務活動によって獲得が可能となるのであるから、実質的な意味の経済的利益は、損害保険会社提示額を控除した金額であるとする考えもあります。いずれが正しいとは断言できませんが、どうして控除しないかの説明は求められるでしょう。

【Check Point】

□依頼者に納得して報酬を払ってもらえる説明を。　　　　　　　　［吉川愛］

Q64: 完全成功報酬①

債権回収事件の依頼を受けたのですが、依頼者は、「資金繰りが厳しいので、回収ができたときに回収金の中から全ての弁護士報酬を支払いたい」と言ってきました。実費も含めたすべての弁護士報酬を回収できたときに決済する方法に問題はないのでしょうか。

A: 完全成功報酬を禁止する会則はありませんが、不適正な報酬額とならないように留意すべきです。

〔 解 説 〕

1 完全成功報酬制の現実　着手金を受領せず、委任事務処理が成功したときにのみ報酬金を請求できるとする完全成功報酬制（コンティンジェント・フィー）は、訴訟ないし法的紛争を投機の対象にするものであるとの理由からこれを禁止する国がありますが、わが国では、暴利行為にならない限りは許容されるとされています。依頼者の資力等から当初の着手金を支払うことができない事案であっても、十分に勝訴および回収の見込みがあれば、成功報酬をもってすべての弁護士報酬とすることには、合理的な理由があると認められます。現実に、交通事故事件、残業代請求案件、過払い金請求案件等の回収がほぼ確実に見込まれる案件については、完全成功報酬制を導入している事務所もあります。

2 不適正な報酬額　弁護士は、経済的利益、事案の難易、時間と労力その他の事情に照らして適正かつ妥当な報酬を提示する義務がありますが（職務基本規程24条）、これは完全成功報酬にも当然当てはまります。たとえば、内容証明郵便1本で1000万円を回収した場合にその半分の500万円を報酬とすることは、適正さを欠くといわざるを得ないでしょう。しかし、たとえば、保全処分を行ない、20回の口頭弁論期日と証拠調期日を重ね、財産開示手続の上強制執行までして1000万円を回収した場合、500万円の成功報酬が不適正とは断言できないと思います。

【Check Point】

□完全成功報酬制を採用するときは適正金額になるよう特に留意する。

[吉川愛]

◀ コラム ▶ コンティンジェント・フィー

　弁護士側が証拠の収集から提訴、訴訟の維持までの費用を負担する（依頼者は経済的負担をしない）かわりに、相手方から回収をすることができた場合には、回収額から、通常想定されるよりも大きな割合部分を弁護士側が取得する契約のことをコンティンジェント・フィー（完全報酬制）と言います。依頼者にとって、弁護士の依頼を容易にすることができることから、依頼者の権利の擁護のために歓迎される制度とも評価することができそうな制度です。お金のない人も、弁護士に依頼することができます。しかし、弁護士にとってはハイリスクハイリターンな制度であり、報酬を取得したいがあまり、不当な訴訟進行を行うような恐れが懸念されています。また、依頼する側も、本来の適正な報酬よりも相当程度高額でも、もらえないよりは良い、と思い安易に依頼をする可能性もあり、訴訟の難易度その他の事情からして、明らかに不相当な報酬を最終的に支払うことを余儀なくされる事態が発生することも想定されます。完全成功報酬制については、大陸諸国や英国では原則として禁止されており、海外では米国に特有と言っても良いほどです。コンティンジェント・フィーに関わる問題点については、報酬割合のほか、弁護士の立替費用の取り扱いや、依頼者による解任の場合の報酬の取り扱いなど、検討すべき問題が多々あります。日本でも適正な説明かつ適正な報酬であれば禁止されているものではありません。結局は職務基本規程の規定に沿う形で、事件の難易度、報酬の見込みなど個別具体的な事案を想定し、不相当な報酬ではなく依頼者に対しても適切な説明をすることが必要となることは間違いありません。

［吉川愛］

Q65: 完全成功報酬②

広告で交通事故事件、離婚事件、残業代事件等を募っていますが、「事前の費用は実費も含めて一切不要です。事件が解決したときの報酬に一本化します」と謳っています。このようなやり方に問題はあるのでしょうか。

A: 依頼者に誤解または過度な期待を抱かせる広告内容であり、問題があります。

〔 解 説 〕

1 実費の立替えに対する規律　弁護士の報酬は、経済的利益、事件の難易、時間および労力その他の事情に照らして適正かつ妥当なものでなければなりません（職務基本規程24条、弁護士の報酬に関する規程2条）。完全成功報酬制については **Q64** で論じましたが、実費についても事件解決のときに清算するということは、弁護士が提訴等の費用を立て替え後日求償することを意味しますが、職務基本規程25条は、特別の事情がない限り、依頼者との金銭の貸借を禁止していますので、これに抵触する可能性が出てきます。そして、緊急やむを得ない場合の提訴等の費用の立替えは特別の事情があるものとされますが（解説72頁）、初期費用が掛からないことを事件勧誘のうたい文句にしているだけであれば、特別の事情があるとは認められません。

2 広告の規律　弁護士は、広告または宣伝をするときは、虚偽または誤導にわたる情報を提供してはなりません（職務基本規程9条）。全ての事案について事前の費用が一切不要であり、事件解決時の報酬に一本化するというのは、実費は弁護士が負担してくれるとの誤解を招きます。また、多大な提訴費用がかかっても自己負担がないという過度な期待を抱かせるものというべきです。実費の立替えをするについては、依頼者に立替えの意味を十分に説明し、その了解を取ることが必要と考え得るべきです。

【Check Point】

□初期費用の負担がないとの期待は依頼者の判断を歪めるおそれがある。

［吉川愛］

Q66: 着手金の清算

ある女性から離婚事件の依頼を受けましたが、事件処理方針で意見が合わず、委任契約の解消を申し入れたところ、その依頼者からは、着手金全額を返還するように強く求められています。着手金の一部を返還することで済ますことはできないのでしょうか。

A: 解消の理由にもよりますが、一部返還で問題ない場合はあります。

〔 解 説 〕

1 着手金の性格　弁護士会の報酬基準が廃止された後、弁護士は自由に弁護士報酬を定めることができることになりましたが、旧報酬基準規程の定めを踏襲して「着手金」と「報酬金」の区分にしたがって弁護士報酬を請求している弁護士がほとんどです。旧報酬基準では、着手金とは、委任事務処理の結果に成功・不成功がある事件について、その結果にかかわらず受任時に受ける委任事務処理の対価をいうものと定義していました。現在は弁護士自らの報酬基準を定めなければなりませんが（弁護士の報酬に関する規程3条）、そこに着手金と報酬金を報酬基準に入れているのであれば、同じ性格のものとしていると理解されます。

2 着手金の返還　弁護士の報酬に関する規程5条2項は、委任契約書の作成義務を定め、4項は、その中に委任契約が中途で終了した場合の清算方法を記載する義務を定めていますから、そもそも **Case** のような事態が起きない仕組みとなっています（**Q67** も参照）。仮に着手金の清算方法を委任契約書に規定していなかったときは、民法648条3項2号にしたがって、すでに履行した法律事務の割合に相応する着手金を返還しないことができると考えられます。しかし、依頼者との間で、委任契約の終了原因やすでに履行した法律事務の割合について争いが発生することは十分にあり得ます。そのような場合は、弁護士会の紛議調停の申立てを行って円満な解決を目指すべきです（職務基本規程26条）。

【Check Point】

□意見が合わない依頼者ほど弁護士報酬の対応は慎重に行う。　［吉川愛］

Q67: 着手金不返還条項

私の作成する委任契約書には「お支払いいただいた着手金は、どのような理由があってもご返金することができません」との条項があります。ある事件で依頼者が私を解任し、着手金の返還を請求してきましたが、この条項があれば大丈夫でしょうか。

A: 解任の事案すべてに着手金不返還条項を適用することは消費者契約法に違反する可能性があります。

〔 解 説 〕

1 相手方からの解除による着手金の取扱い　かつては、依頼者側の帰責事由があるときは原則として着手金は精算（返還）する必要がないという見解もありましたが、その後は、委任関係が途中で終了してしまった場合には、弁護士の責めに帰すべからざる事由によるときであっても、当該着手金が労力に比べて過大であるという事情があるときは、清算をする必要があるとする見解が支配的です（解説 68 頁）。このため、委任契約が途中で終了した場合の報酬の清算方法については、委任契約書に記載しなければならないとされています（弁護士の報酬に関する規程 5 条 4 項）。

2 着手金不返還条項と消費者契約法　依頼者が非事業者であり、委任契約を解除する理由が全くないとはいえない場合について、着手金不返還条項を適用し、着手金の全額についてどのような事案でも返さないとすることは、消費者契約法 9 条（消費者が支払う損害賠償の額を予定する条項等の無効）に違反し、当該条項が無効とされる可能性がかなり高いといえます。

着手金不返還条項を記載することは、時としてあまりに一方的な解除をされた場合の依頼者に対する納得のためには有益なことはあるかもしれませんが、事件の進行度合いにより過大な着手金を取得したと評価されるような事案の場合、当該条項のみを利用して依頼者への配慮を行わないことは適切ではない場面があることに注意すべきです。

【Check Point】

□着手金不返還条項は、消費者契約法により無効となり得る。　　［吉川愛］

Q68: 高額報酬

　貸金返還請求事件を受任し、欠席判決をもとに債務の売掛金の差押えをして 500 万円を回収しました。現実の回収は困難と思われた事件であったため依頼者から大いに感謝されましたので、「回収額の半分を報酬としていただきたい」と言いました。委任契約書には、「成功報酬は回収金の 50％ を上限として、協議の上定める」としてありますので、問題ないと思います。いいでしょうか。

A: 回収金の 50％ の成功報酬は、回収のための時間・労力・難易を無視したものであれば、適正かつ妥当な報酬とはいえません。

[解 説]

1 適正かつ妥当な弁護士報酬　弁護士は各自で報酬基準を作成しなければならず（弁護士の報酬に関する規程 3 条 1 項）、かつ、適正かつ妥当な弁護士報酬を提示しなければなりません（職務基本規程 24 条）。**Case** では、貸金請求訴訟事件と債権差押事件とを受任し、それらの成功報酬金として回収金の 50％ を上限とするとの取り決めをしていますが、回収金の 50％ が果たして適正かつ妥当といえるかが問題です。適正かつ妥当かどうかは、経済的利益、事案の難易、時間と労力その他の事情を勘案して決定されますが（職務基本規程 24 条）、相手方が争わずに欠席判決で終わったこと、売掛金債権の差押手続 1 回で回収できたことを考えると、着手金の額にもよりますが、成功報酬としては高額との評価が一般的ではないかと考えます。

2 回収金の半分の成功報酬　現実の回収金の 50％ を成功報酬とする合意は、すべて不可というわけではありません。たとえば、訴訟の口頭弁論を 20 回以上、証拠調べも複数回重ねた上、財産開示手続を経てようやく差押財産を発見し、不動産差押え、債権差押え等複数の強制執行手続を行って 500 万円を回収したときに、その半分の 250 万円を成功報酬とすることは適正かつ妥当ではないでしょうか。

【Check Point】

□成功報酬は、弁護士の技能・労力等を反映した金額でなければならない。

[吉川愛]

Q69: みなし成功報酬

　私の委任契約書には「依頼者が弁護士の同意を得ないで委任事務を終了させたときその他委任された法律事務の履行不能について依頼者に重大な責任があるときは、成功報酬の全部を請求できる」との規定があります。この規定の適用については、どのようなことに注意すべきですか。

A: 条項の性質に思いを至し、適用するか否か、適用するとしてもその報酬額などは契約書通りで良いか、などについて検討するべきです。

〔 解説 〕

1 みなし成功報酬の位置づけ　みなし成功報酬の特約は、依頼者側の責めに帰すべき事由による委任契約の中途終了から弁護士の成功報酬に対する期待権を保護しようとするものであり、条件成就によって不利益を受ける当事者が故意に条件成就を妨げたときは、相手方が条件を成就したとみなすことができるとした民法130条1項の規定を参考としているものです。訴訟上の和解成立の前日に理由もなく弁護士を解任したうえで本人自ら訴訟上の和解を成立させたような場合が典型例です。

2 みなし成功報酬の適用制限　委任契約はいつでも解除できるものであり、依頼者の弁護士に対する信用が揺らいだ場合にまでみなし成功報酬の規定により委任契約の解消をためらわせることは望ましくないとの観点から、適用制限があるとする考え方があり、これに沿う裁判例も多数存在します（解説70頁）。依頼者が弁護士費用の支払いを不当に免れる動機が明白な場合はみなし成功報酬規定の適用に迷うことはないでしょうが、それ以外の事案については、個別具体的な事情を慎重に検討したうえで、みなし成功報酬条項を適用するか、適用するにしても成功報酬額の全額を請求すべきかどうかを検討すべきです。

【Check Point】

□依頼者に悪意がない場合はみなし成功報酬条項の適用は慎重に。

［吉川愛］

Q70: 有利な結果の請合

はじめて著作権事件を依頼されましたが、著作権事件はやったことがないとは言えないので、「お任せください。過去の同種事件で勝訴していますから、その経験を生かして本件も頑張ります。まず勝訴は間違いないと思いますよ」といってしまいました。問題ありますか。

A: 経験が全くないにもかかわらず経験があると述べたのは、虚偽の説明であり、勝訴は間違いないと述べたのは、有利な結果の請け合いになります。

〔 解 説 〕

1 受任の際の適切な説明 弁護士は、事件を受任するにあたり、依頼者から得た情報に基づいて事件の見通し、処理の方法、弁護士報酬、費用について適切な説明をしなければなりません（職務基本規程29条1項）。契約当事者の一方が専門家である場合に、他方当事者の自由な意思決定と情報力の平等を実現するために、専門家には説明義務（情報提供義務）が課されているとされています（解説105頁）。

2 事案の経験と見通しの説明 依頼者が弁護士に依頼する際、同種事案の経験を尋ねることがあります。事件を依頼する立場として、専門家がどれだけ同種事案についての経験があるのかに関心を持つのは当然です。その際、一度も扱ったことのない分野の訴訟事件について勝訴の経験があるとして、それを前提に事案の見通しを話すことは、依頼者が依頼する際の意思決定に大きな影響を与えるものであり、適切な説明とはいえません。過去に勝訴判決を得たとの説明は明らかに虚偽であり、極めて不適切です。

3 有利な結果の請け合い 職務基本規程29条2項は、依頼者に有利な結果の請け合いを禁止しています。弁護士と依頼者の紛議を防止する趣旨です（解説105頁）。**Case** の勝訴の断定はこれも不適切です。

【**Check Point**】

□依頼者を安心させるためであっても、嘘は絶対にNGである。

［吉川愛］

Q71: 勝訴の見込みが全くない事件

　家賃を 10 か月滞納した賃借人から、賃貸人が原告となった建物明渡請求訴訟の被告代理人を依頼されました。賃借人は、転居先の目途も立たないといいますので、「大丈夫です。借地借家法の正当事由がないと強く主張して、賃貸人から立退料を必ずもらってきます」といいました。問題ありますか。

A: 依頼者に有利な結果が得られる見込みがないのにそれがあるかのように装っており、極めて問題です。

〔 解 説 〕

1 期待する結果が得られる見込みのない事件の受任　弁護士は、依頼者が期待する結果が得られる見込みがないにもかかわらず、そのことを告知することなく、それがあるかのように偽装して事件を受任してはなりません（職務基本規程 29 条 3 項）。依頼者は、もちろん有利な結果を期待して弁護士に事件を依頼しますから、有利な結果が得られる見込みがないのにあるかのように装って委任契約を締結して弁護士報酬を受領する行為は、詐欺的であることは明らかです。

2 建物明渡請求訴訟の被告としての見通し　家賃を 10 か月滞納している賃借人が建物明渡請求事件で勝訴する可能性は、信頼関係の破壊が認められない特別の事情がない限り、ほとんどないことは一般の弁護士であれば当然に見通せることです。また、借地借家法の正当事由がないことを主張するとありますが、そもそも賃料不払いによる解除では正当事由を主張することはあり得ませんから、この点でも虚偽の説明をしていることが明らかです。**Case** での説明は、契約締結場面などで使われる強気の交渉とは明らかに次元が異なり、極めて問題です。仮に、賃料不払いによる解除では借地借家法の正当事由を主張できないことを知らなかったとすれば、重大な法律の誤解であり、職務基本規程 37 条 1 項違反となります。

【Check Point】

□見通しがないにもかかわらずあるように装う行為は詐欺と同じである。

［吉川愛］

Q72: 複数依頼者に対する説明

遺言によって遺産をほとんどもらえなかった2人の相続人から遺留分侵害額請求事件を依頼されました。その際に、2人の間で利害対立が起きたときは辞任の可能性があることを説明しなければならないのですが、依頼者が喧嘩状態に陥ることを話すのは憚られたので、説明していません。問題ありますか。

A: 利害対立が起きることが想定できる事案においては辞任の可能性については必ず説明が必要です。

〔 解 説 〕

1 不利益事項の説明 弁護士は同一の事件について複数の依頼者がある場合、その相互間に利害の対立が生じるおそれがあるときは、事件を受任するにあたり、依頼者各自に対し、辞任の可能性その他の不利益を及ぼすおそれがあることを説明しなければなりません（職務基本規程32条）。同一の事件とは、訴訟物が同一である場合に限られず、紛争の実態が同一であることをいい、事件結果に基づいて得る利益の対立のほかに、事件の処理方針の対立がある事件も含まれます。

2 遺留分侵害額請求事件の利害対立の可能性 遺留分侵害額請求事件は、遺産分割協議のように一方が遺産を多く取得すれば他方が少なくなるというような利益相反関係にはありませんが、その事件の処理方針（遺産の範囲やその評価方法等）については当事者間で方針が分かれる可能性はあります。2人の処理方針について統一見解が得られない場合には、委任関係を終了せざるを得ない可能性があること等をしっかりと説明しておく必要があります（なお、利害対立が顕在化したときには、弁護士法25条1号・職務基本規程27条1号に該当し、両者を辞任する必要があることに注意が必要です）。友好な関係にある依頼者に対して受任段階で万が一のことを話しても気分を害することはないので、勇気をもって説明しておくべきです。

【Check Point】

□友好関係にあるときこそ利害対立のリスクと不利益を説明する。

[吉川愛]

Q73: 委任契約書の作成時期

　多重債務者から自己破産申立ての依頼を受けましたが、取引履歴を取り寄せてから破産にすべきか任意整理にすべきかを判断したいと考えます。委任契約書は、最終方針が決まった時点で作成すればよいのでしょうか。

A: 工夫により最終方針の決定前でも委任契約書の作成は可能です。

〔 解 説 〕

1 委任契約書の作成義務と記載事項　弁護士は、事件を受任するときには委任契約書の作成が義務付けられています。ただし、委任契約を作成することに困難な事由があるときは、その事由が止んだときに作成すればよいとされています（職務基本規程30条1項）。委任契約書の必要的記載事項は、①受任する法律事務の表示および範囲、②弁護士の報酬の種類、金額、算定方法および支払時期、③委任契約が委任事務の終了に至るまで解除ができる旨、④委任契約が中途で終了した場合の清算方法となっています（弁護士の報酬に関する規程5条4項）。

2 委任契約書の作成に困難な事由があるとき　債権調査をして債権の総額と内容を吟味しないと破産か任意整理かの処理方針が決められない場合があります。そのような場合は受任事件名の特定ができませんし、弁護士報酬も確定できませんから、委任契約書の作成時期を債権調査の終了時にすることには合理的な理由があるようにも思えます。しかし、債権調査自体で依頼者との法律関係が形成されていることにかんがみれば、債権調査に関する委任契約書が作成されなければならないともいえます。当初方針は依頼者の希望どおり破産申立事件とし、任意整理に移行する場合の条件を予備的に記載するなどの工夫をすれば委任契約書作成が可能です。

【Check Point】

□債権者に弁護士名での通知をする段階では、委任契約書を作成する。

［吉川愛］

Q74: 委任契約書の作成義務免除

高校時代の無二の親友から離婚事件を依頼されました。委任契約書の作成をしたいと申し向けると、「そんな堅苦しいことはいい」と言われました。作成しなくともよいのでしょうか。親戚の叔母から離婚事件を依頼されたときも、作成しなくてよいのでしょうか。

A: 親友であろうと親族であろうと、契約書作成義務が免除されることはありません。

〔 解 説 〕

1 委任契約書作成義務の免除 委任契約書作成義務は、職務基本規程30条1項に定められていますが、2項では、受任する事件が法律相談、簡易な書面の作成または顧問契約その他継続的契約に基づくものであるときその他合理的な理由がある場合には、作成を免除しています。法律相談や簡易な書面作成は、その場で事件処理も報酬の支払いも完結するため、委任契約書の必要がありませんし、顧問契約を締結し、常時同じ条件で事件処理をしている場合には当事者間で契約内容が確定していますから、個別事件の依頼の都度委任契約書を作成する必要がないためです。

2 合理的理由 職務基本規程30条2項で契約書の作成が免除されている、「その他合理的な理由があるとき」とは、例示列挙されている場合に準ずる委任契約書作成の必要性がないと認められる合理的理由がある場合をいいます。依頼者が弁護士の親族や無二の親友であるからといって、委任契約書を作成しなくともよい合理的な理由があることにはなりません。切り出しづらいことは確かですが、「弁護士の倫理規律ではどんな場合でも委任契約書を作成する義務があるとされているので、作成しないと私が懲戒されてしまうのです」等といって、委任契約書を作成するようにすべきです。親族や無二の親友と見解の対立が起きないとも限りません。そのようなとき委任契約書があなたを助けます。

【Check Point】
□親しい人とも意見対立に至るが、委任契約書はそのときに助けてくれる。

［吉川愛］

Q75: 顧問先との間の委任契約書

　長年の顧問先から訴訟事件を受任する際に、委任契約書を作成していません。顧問先も作成を望んでいないので、委任契約書は作成しないでよいでしょうか。

A: 定型的ではない事件の受任には委任契約書の作成が必要です。

〔 解 説 〕

1 委任契約書の作成義務の免除　弁護士が事件を受任するときは、委任契約書の作成が義務付けられていますが、顧問契約など継続的な契約に基づく事件受任では作成義務が免除されています（職務基本規程30条）。顧問先との継続的な関係に基づき、同じ委任内容で反復して事件を受任している場合には、その都度個別の委任契約書を締結しなくとも、受任事件の種類や法律事務の範囲、弁護士報酬等が確定している状況にあるためです。たとえば、顧問先がクレジット会社で、未払いクレジット代金の回収のための訴訟事件を反復して依頼されている場合などです。

2 顧問先との委任契約書の作成　顧問先から、従前には依頼されていなかったイレギュラーな訴訟の依頼があった場合は、受任事件の種類と法律事務の範囲を明確にし、弁護士報酬も明確にする必要がありますから、委任契約書を作成する義務があります。顧問料の範囲内で法律事務を処理するとしても、受任事件の種類と法律事務の範囲は顧問契約からは当然には確定しませんから、やはり委任契約書を作成しなければなりません。顧問会社は、顧問契約において顧問料の範囲内で行う法律事務を明記していても、えてしてイレギュラーな訴訟事件も顧問料の範囲内で処理してもらえると考えていることがあります。とくに、高額の顧問料ですとその可能性は高まります。したがって、委任契約書を作成することは、そのような誤解を解消し、後日のトラブルを未然に防止する効果があるわけです。

【Check Point】

□顧問料の範囲から外れる事件は別途委任契約書を作成する。　　［吉川愛］

◆ コラム ▶ 顧問契約と弁護士倫理

　企業の顧問弁護士とは、企業から法律相談および法律事務について継続的に依頼を受ける契約関係にある弁護士のことを言います。顧問弁護士の業務内容というものも様々ですので、どの範囲が顧問契約の範囲や、別契約を締結する必要があるか、などは個別契約次第ということになります。顧問契約に絡む弁護士倫理問題は様々な議論がなされているところです。詐欺的商取引を行う会社の顧問契約については、弁護士が職務基本規程14条に定める違法行為を「助長」しているのではないかという議論があります。仮にこれを知らずに顧問契約を締結してしまった場合で、のちに発覚したような場合には直ちに是正を指導し、叶わなければ辞任を検討しなければなりません。顧問会社を相手方とする法律相談があった場合の対応にも気を付けなければならず、また、株主代表訴訟が提起された場合には、被告となる取締役の相談に応じることや、訴訟代理人となることについては議論があります。本書でも解説がされていますが、顧問会社の監査役に当該弁護士が就任することや、監査役に就任している弁護士が、当該会社の訴訟代理人になることの可否については、いずれも裁判になるほど、議論がなされている状況です。どちらも、就任については慎重な配慮が必要であるものの、直ちに不適切とされているものではありません（『弁護士倫理〔第2版〕』（有斐閣、2006年）195頁以降参照）。しかし、やはり第三者から見る弁護士や監査役の信頼を損なうような行動は安易にとるべきではなく、就任することで、弁護士としての守秘義務に関連して非常に悩ましい事態に直面することも予測されるため、慎重な検討が望まれます。　　　　　　　　　　　　　　　　　　　　　　　　　　[吉川愛]

Q76: 弁護士報酬の記載方法

弁護士報酬のうち成功報酬については、事件の結末が予測できないことが多いので、委任契約書には「追って協議の上定める」としか規定していません。依頼者には、廃止された日弁連の報酬基準を示して、「だいたいこれに従って計算しますが、事件が終わってから協議しましょう」といっています。問題ないでしょうか。

A: 「追って協議の上定める」では報酬の金額、算定方法について明示しているとはいえません。

〔 解 説 〕

1 委任契約書の記載事項　委任契約書には、受任する法律事務の表示および範囲、弁護士の報酬の種類・金額・算定方法および支払時期、委任契約が委任事務の終了に至るまで解除ができる旨、委任契約が中途で終了した場合の清算方法を記載しなければなりません（弁護士の報酬に関する規程5条4項）。依頼者の最大関心事の1つが弁護士報酬ですから、その金額や算定方法などを依頼者の予測可能性を保障する程度に明確にしておかなければ、事件処理終了後の報酬請求の際にトラブルになることが予測されるためです。

2 廃止された日弁連報酬基準　日弁連の報酬基準は、既に廃止されていますが、今でもこの報酬基準に準拠して弁護士報酬を算定している弁護士が多数に上ります。事務所に備え置くべき報酬基準についても、当該旧報酬基準をそのまま備え置いているところが多数です。しかし、委任契約書に「追って協議の上定める」と記載のうえ、大枠の考え方として廃止された日弁連の報酬基準を示しただけでは、弁護士報酬の算定方法を全く明示しておらず、契約書の作成義務を果たしたとはいえません。この場合、「成功報酬は、当事務所の報酬基準に基づいて、追って協議の上定める」と記載し、事務所の報酬基準を別紙として添付するか個別に交付の上、説明する方法を採らなければなりません。

【Check Point】

□ 「協議する」では何も明示しておらず、契約書作成義務を果たしていない。

［吉川愛］

Q77: 預り金の現金保管

　依頼者から、損害賠償の和解金に充てる 300 万円を現金で預りました。和解契約の締結日は 1 か月後でしたが、現金交付の約束でしたので、その 300 万円を銀行の現金用封筒に入れ、表に「○○氏預り金」と記載して事務所の金庫に保管しておいてもよいのでしょうか。

A: 50 万円を超える現金は、専用の預り金口座に保管しなければなりません。

［ 解 説 ］

1 預り金等の取扱いに関する規程　依頼者からの預り金を着服流用する非行があとを絶たないことから、日弁連は「預り金等の取扱いに関する規程」を制定し、厳格な運用をしています。同規程では、特別な事情がない限り、弁護士は預り金口座を開設しなければならないこと、当該預り金口座は原則として預り金口座であることが明確に分かる口座名義であること、弁護士会に対して預り金口座を届け出ること等が規定され、弁護士会も、一定の要件のもとに、当該預り金および預り預貯金の保管状況全般について調査照会することができます。そして、当該調査照会の内容によっては、懲戒の手続に付すこともできることとされています。

2 現金の保管　弁護士は、1 つの事件または 1 人の依頼者について預り金の総額が 50 万円以上になった場合に、当該預り金を 14 営業日（日本銀行の休日を除いた日をいう）以上にわたり保管するときは、当該預り金のうち 50 万円以上の額を預り金口座で保管しなければなりません。**Case** では、和解締結日が 1 か月後なので、確実に 14 営業日以上の日数であり、かつ 50 万円以上の金員を保管することになります。300 万円全額が和解に充てる金額であり、そのうちの 50 万円を分散する合理的な理由もありませんので、全額を直ちに専用の預り金口座に入金すべきです。

【Check Point】

□預り金は専用の預り金口座を開設した上で、厳格に管理する。

［吉川愛］

Q78: 預り金の保管方法

日弁連の預り金規程に従って預り金専用口座を開設していますが、小口の出し入れをするのが面倒なので、50万円まではすぐに預金から引き出してしまい、銀行の現金用封筒に入れて事務所の金庫で保管するようにしています。問題あるでしょうか。

A: 記録義務を果たし、収支報告が依頼者ごとにできるようにしていれば、50万円までの現金保管は問題ありません。

〔 解 説 〕

1 預り金の保管方法　弁護士は、預り金を保管するには原則として預り金と分かる専用口座を開設し、分別して保管することが義務付けられています。そして、一依頼者、一事件ごとに50万円以上の現金を14営業日以上保管する場合には預り金口座で管理することが義務付けられています（預り金等の取扱いに関する規程4条2項）。逆に言えば、50万円までの金員については、適切な管理方法で保管するのであれば問題はないこととなります。

2 預り金の記録義務および収支報告義務　弁護士は、預り金の保管について、入出金の年月日および金額、入金の目的および出金の使途を記録し、当該事件終了後も3年間は保管しなければなりません。また、依頼者の請求があったときは、事件終了後、入出金の概要を記載した書面により、預り金および預り預貯金の収支について報告する義務があります（上記預り金規程7条、8条）。これらの義務を果たすためには、現金保管であれ銀行口座等保管であれ、事件ごとまた各依頼者ごとに、預り金の入出金の明細について正確に記録をしておく必要があります。封筒に50万円までの現金を保管し、そこから支出をすること自体に問題はありませんが、支出のたびにどの事件の預り金をいくら支出したのかを正確に記録して管理することが求められます。

【Check Point】

□預り金は、現金保管でも預貯金保管でも明細を正確に記録しておく。

［吉川愛］

Q79: 預り金の返還時期

相手方から和解金 500 万円の支払いを受けて依頼事件が終了しましたが、依頼者からは「しばらく預かっていてほしい」と言われたので、返還しないまま 6 か月が過ぎています。このまま預かっていて問題はないのでしょうか。

A: 預り金についてはいくら依頼者に頼まれたとしても遅滞なく返還しなければなりません。

〔 解 説 〕

1 預り金の返還　弁護士は、委任の終了にあたり、預り金については遅滞なく清算の上返還しなければなりません（職務基本規程 45 条）。民法 646 条も、預り金の適時の引渡義務を規定していますが、そこでは収取した果実（法定果実たる利息を含む）も委任者に引き渡す義務があるとしています。預り金口座に利息が生じない扱いにしていない限り、長期間にわたって金員を預っていると預貯金に利息が発生し、その清算義務も生じてしまいます。500 万円の和解金について 6 か月も預かったままにしておけば、和解金の受領によって委任された事件は終了しているのに清算義務を果たしていないことになりますし、利息の清算義務も果たす必要が出てきてしまうわけです。

2 マネーロンダリング対策　犯罪収益の移転（マネーロンダリング）の防止を目的とする「依頼者の本人特定事項の確認及び記録保存等に関する規程」は、法律事務に関連して依頼者から金員等を預かる場合に身元確認義務や依頼目的の検討義務等を規定しています。弁護士は、一定の金額を預かることがままありますが、そうなると、本規程の具体的な義務について常に注意しておく必要があります。**Case** では、依頼者について本人特定事項の確認をする必要がありますし、和解によって受領した預り金を長期保存する理由や目的を明らかにしてもらう必要があります。依頼者を説得して清算してしまうべきです。

【Check Point】

□預り金を長期間保管するようにいわれても、速やかに清算してしまう。

［吉川愛］

Q80: 預り金の返還方法

依頼者からの預り金を清算したいと連絡しましたら、「妻に内緒のお金なので、私ではなく友人の名義の口座に送金してほしい」といわれました。その指示に従って対応することに問題はないでしょうか。

A: 依頼者と友人の関係も不明ですし、友人名義の口座に送金する根拠も不明ですので、本人名義の口座に送金すべきです。

〔 解 説 〕

1 預り金の返還義務 弁護士は、委任契約の終了にあたり預り金を遅滞なく返還する義務を負います。委任契約に基づく清算義務であり、依頼者は、弁護士に対して預り金の返還請求権を持つわけです（民法646条1項）。「預り金等の取扱いに関する規程」8条は、預り金等に関する職務が終了したときは、依頼者に対し、入出金の概要を記載した書面によって収支報告をする義務を規定しています。

2 他人名義口座への返金 事件終了後の預り金の返還について、依頼者が自己名義の口座ではなく友人名義の口座に送金してほしいと述べた場合、依頼者の送金指示書等をしっかり残した上で友人名義の口座に送金するのであれば、依頼者との合意に基づき清算義務を果たしているようにも思えます。しかし、**Case** では、依頼者がなぜ友人名義の口座に送金するのかの理由があまりにも不透明です。「妻に秘密のお金」というだけでは、友人名義の口座に送金する合理的な理由にはなりません。不明瞭な理由で他人名義口座への送金依頼を安易に引き受けてしまうと、後々大きなトラブルに巻き込まれてしまうことも想定されます。友人にお金を借りていてその返済として振り込んで欲しいと言われたような場合や、友人に対して返還請求債権を譲渡したような場合は合理性があると言えそうですが、そのような場合でも念のため書類などは確認し、合理的であるという判断をした根拠を残しておく方がよいでしょう。

【Check Point】

□送金の理由に合理性がなければ、あくまでも依頼者本人への送金が基本。

［吉川愛］

Q81: 犯罪収益の預り

和解金の支払のためとして預かった金員が、警察からの情報提供で依頼者が大麻を売った代金であることが分かりました。その後、依頼者からは預けた金員を早く返してほしいといわれています。返還するべきでしょうか。

A: 犯罪収益金の預りであり、依頼者に対応を求めた上、対応が得られないのであれば辞任も検討すべきです。

〔 解 説 〕

1 マネーロンダリングの規制 「依頼者の本人特定事項の確認及び記録保存等に関する規程」2条から6条は、弁護士が依頼者から金員を受領する際には、一定の例外を除き、依頼者の身元を確認する義務、その記録を保存する義務、依頼目的を検討する義務を規定しています。Case の和解金支払いのための金員の預り行為が、裁判所その他の紛争解決機関の関与がある和解手続である場合以外には、依頼者の身元確認、記録保存、依頼目的の検討を行う必要があります。

2 依頼を受けた後に発覚した場合の対応 事件受任の際に身元確認や依頼目的の検討を尽くしていても、後に当該預り金が犯罪収益金であることが発覚した場合には、気がつかないうちに弁護士が犯罪収益金の移転行為に加担してしまったことになります。このような場合、前記本人特定事項確認等規程7条は、依頼者に対し、違法であることを説明するとともに、その目的の実現を回避するよう説得に努めること、依頼者がその説得に応じない場合には、辞任しなければならないことを規定しています。捜査機関に通報する義務があるのかについては、弁護士の守秘義務の関係から、そこまでは要求されないと解されています。Case では、預かった金員が犯罪の収益金であることを依頼者に確認した上、捜査機関に自首すべきことを説得し、聞き入れなければ、速やかに辞任するということになります。

【Check Point】

□弁護士は、知らないうちに犯罪収益移転の協力者になり得る。

[吉川愛]

Q82: 弁護士会からの照会

自分が所属する弁護士会から、ある受任事件に関し、預り金の入出金の明細、入金の目的および出金の使途についての照会が来ました。これに対しては回答しなければならないのでしょうか。

A: 弁護士には弁護士会の照会に対する回答義務があり、これを無視すると、懲戒請求を受けることになりかねません。

〔 解 説 〕

1 弁護士会による預り金に関する照会と調査　弁護士会は、所属弁護士について、預り金・預り預貯金を返還しないことを理由とする懲戒の請求もしくは紛議調停の申立てがあったとき、預り金・預り預貯金の返還に関する苦情が3か月に3回以上あったとき等には、預り金・預り預貯金の保管状況全般について、一定の事項を照会し、調査することができます（預り金等の取扱いに関する規程9条）。照会、調査により相当と認める場合には、当該弁護士に対して助言をしたり、懲戒の手続に付すことができます（同規程11条1項）。弁護士も、弁護士会から照会を受けたときには、帳簿や通帳を添付して書面で回答する義務を負っています（同規程10条）。

2 照会・調査に応じない場合の弁護士会の対応　所属弁護士が弁護士会からの照会に応じない場合には、当該義務違反を理由として、当該会員を懲戒の手続に付し、弁護士会の綱紀委員会に事案の調査をさせることができます（同規程11条4項）。**Case** のように、弁護士会からの照会があったとすれば、既に複数の人からの預り金返還に関する苦情申立てがあったためですから、かなり危機的な状況にあります。個別の事件に対する不当な介入などと考えて無視すると、とんでもないことになりますから、速やかに対応する必要があります。また、紛議調停の申立てがなされた場合も、同じように弁護士会の照会があり得ますから、これにも誠実に対応する必要があります。

【Check Point】

□弁護士会からの預り金の照会には、すぐに対応をする。　　　　　［吉川愛］

Q83: 不当な利益の実現

　夫の不貞行為の相手方に対する慰謝料請求を依頼され、内容証明郵便で通知をすることになりました。依頼者である妻からは、「夫の浮気相手は許せない。職場に居づらくさせたいので、内容証明郵便は職場宛に送ってほしい」と求められました。相手方の自宅住所は分かっていますが、職場に内容証明郵便を送ってもよいでしょうか。

A: 正当な理由がない限り、依頼者の依頼に応じるべきではありません。

〔 解説 〕

1 依頼者の意思の尊重　職務基本規程 22 条 1 項は「弁護士は、委任の趣旨に関する依頼者の意思を尊重して職務を行うものとする」と規定し、弁護士が委任事務を遂行するにあたっては、依頼者の意思を無視してはならず、その意思を尊重しなければならないと考えられます（解説 51 頁）。これは、弁護士の基本的職責が依頼者の権利および正当な利益の実現にあるところ、そのための前提となるためです。

2 不当な依頼への対応　弁護士が依頼者の意思を尊重するのは、あくまで依頼者の権利および正当な利益の実現が前提であって、不当な依頼についてまでその意思を尊重することが求められるものではありません。

　また、弁護士は、いかに依頼者のためであっても、不当な目的のために職務を行ったり、不当な手段を用いたりすることは許されません（職務基本規程 5 条。解説 16 頁）。

　Case の依頼は、相手方の自宅住所が分かっていながら、相手方への嫌がらせまたは報復のために職場宛に通知書を送付してほしいというもので、不当な目的によるものと言わざるを得ませんので、このような依頼に応じるべきではありません。

【Check Point】

□依頼者からの不当な依頼に応じてはならない。　　　　　　　［安藤知史］

Q84: プライバシーに関わる情報の提供

　婚約不履行に基づく損害賠償請求を依頼され、住所等を確認するために、職務上請求によって相手方の戸籍謄本と住民票を取得しました。その際、依頼者から、「相手方が結婚しているかどうか、家族構成はどうかを知りたい」と言われたことから、戸籍謄本と住民票のコピーを渡しました。問題ないでしょうか。

A: 戸籍謄本や住民票のコピーを交付することは、プライバシーへの配慮に欠けると考えられます。

〔 解　説 〕

1 依頼者への情報提供　弁護士は、職務を行うにあたり依頼者の意思を尊重しなければならず（職務基本規程 22 条 1 項）、前提として、依頼者の判断に必要な情報を提供する必要があります。**Case** は、婚約不履行に基づく損害賠償請求の事案ですから、相手方に関する情報を一定程度提供すること自体は許されると考えられます。

2 相手方のプライバシーへの配慮　弁護士が職務を遂行するにあたり、相手方や第三者の名誉、プライバシーなどを不当に侵害することは許されません（事件記録の保管等に関しては職務基本規程 18 条参照）。したがって、弁護士が職務上請求によって戸籍謄本や住民票を取得したとしても、そこに含まれる情報の取扱いについては、別途注意が必要です。他者のプライバシーに関わる情報を依頼者に提供する際には、その必要性や提供する情報の範囲などについて慎重に検討すべきであり、必要な範囲で情報を提供する場合にも、依頼者に対してその取扱いに関する注意を与えるなどの対応が求められます。

　Case では、相手方の婚姻の有無や家族構成は婚約不履行の理由や損害額と関連する可能性もあり、依頼者への情報提供が必要な場合があり得ますが、戸籍謄本や住民票のコピーを漫然と交付することは不適切です。

【Check Point】

□依頼者への情報提供にあたっては相手方等のプライバシーに対する十分な配慮を要する。

［安藤知史］

Q85: 訴訟上の和解の意思確認

　貸金返還請求訴訟の原告代理人をしている事件で、裁判所から請求棄却の心証が開示されていたところ、被告から一部の支払いに応じる旨の和解案を提示されました。依頼者が入院中で面会謝絶となっていますので、打合せが困難ですが、時機を逸すると和解不成立になりますし、依頼者の利益になる和解ですから、意思確認せず和解に応じてもよいでしょうか。

A: 請求額の一部を支払う内容の和解ですから、直接面談する以外の方法で依頼者の意思確認をすることを検討すべきです。

〔 解　説 〕

1 依頼者の意思確認の重要性　弁護士が委任された法律事務を誠実に処理するためには、依頼者の意思を十分確認し、尊重することが前提となります。特に、訴訟の帰趨を決する事柄については、依頼者の自己決定権を尊重する必要があります（職務基本規程 22 条）。

2 依頼者の意思確認が困難な場合　職務基本規程 22 条 2 項は、「依頼者が疾病その他の事情のためその意思を十分に表明できないとき」でも「適切な方法を講じて依頼者の意思の確認に努める」と規定しています。**Case** のように依頼者が入院中で面会謝絶の状態にあっても、直ちに依頼者の意思確認をせずに和解をしてよいわけではありません。書面、電話、WEB会議等の方法や親族を通じて意思確認をする方法を検討するべきです。

3 弁護士の裁量権　弁護士の職務には一定の裁量権がありますが（職務基本規程 20 条）、和解を成立させるか否かという事件の帰趨を決定する局面では依頼者の意思確認が必要です。和解に際して依頼者の意思確認をしなかった事案で、総体的には依頼者の利益のために活動したといえるとして懲戒しなかった懲戒議決例もありますが、例外というべきです。

【Check Point】

☐依頼者の意思確認をしないで訴訟の帰趨を決定すべきではない。

［安藤知史］

Q86: 遠方の依頼者との面談

依頼者が遠方にいて、交通費を負担することが難しいという事情があるため、直接面談する機会は設けずに事件を受任しようと考えています。問題ないでしょうか。

A: 直接面談せず受任することが許容される場合もありますが、依頼者の意思確認等を十分に行うことが必要です。

〔 解 説 〕

1 面談を経ない受任の可否 弁護士は、職務を遂行するにあたり、依頼者の自己決定権を尊重しなければなりませんが、この趣旨を規定する職務基本規程22条は、弁護士が受任にあたって必ず依頼者と直接面談しなければならないことを意味するものではないと解されています（解説54頁。ただし、債務整理事件についてはその例外が定められています。**Q87** 参照）。弁護士が事件を受任するにあたっては、依頼者の意向を正確に理解することが極めて重要であり、そのためには直接会って話を聞くことが原則となるのは当然です。しかし、事情によっては、面談を経ず受任することが許容される場合もあり得ます。

2 面談を経ない場合における留意事項 近時は、WEB会議を用いて依頼者との打合せなどを行うケースも増え、直接面談をしなくとも依頼者の意向を正確に理解することが容易になりました。しかし、本人確認の方法や依頼者からの資料の提供方法等については、依頼者と直接対面でやりとりをする場合とは異なる工夫や配慮が求められます。また、依頼者本人の移動が困難であるなど例外的な場合に、第三者を介して事件を受任することもありますが、その第三者が信頼の置ける人かどうかのチェックや、依頼者本人の意思確認、依頼者への経過報告を怠らないようにすることが必要です（解説48頁）。

【Check Point】

□例外的に直接面談しない場合は依頼者の意思確認に十分に注意する。

［安藤知史］

Q87: 債務整理事件における依頼者との面談

債務整理事件の依頼者は、自営業者なので休みがあまりなく、弁護士との面談の時間を確保することが難しいといっています。電話で事情を聞き、必要な資料は郵便ですべて届いているため、依頼者本人に直接面談しないまま事件処理を進めてもよいでしょうか。

A: 依頼者本人に直接面談しないまま受任して債務整理を進めることは日弁連の会規に違反します。

〔 解 説 〕

1 依頼者との面談の意義　事件を受任するにあたっては、依頼者の意思を正しく理解することが重要であり、そのためには依頼者と直接面談をすることが原則です（**Q86**、職務基本規程22条）。特別な事情があるときは、面談をせずに受任することが許される場合もありますが、債務整理事件については、日弁連会規である「債務整理事件処理の規律を定める規程」（以下「債務整理規程」といいます）に直接面談の義務が規定されています。

2 債務整理事件における規律　債務整理規程3条は、債務整理事件を受任するにあたっては、あらかじめ当該事件を受任する予定の弁護士が債務者と自ら面談をしなければならないとしており、面談の際に依頼者から聴き取るべき内容についても規定があります。同条ただし書は「面談することに困難な特段の事情があるとき」は、面談をせずに受任することを認めていますが、その場合でも「当該事情がやんだ後速やかに」自ら面談しなければならないとされています。

　Case では、依頼者が多忙で面談の時間確保が難しいという事情はあるものの、これだけでは面談をすることに困難な特段の事情があるとはいえません。債務整理規程は、面談の点に限らず、債務整理事件の処理全般に関する規律を定めていますから、債務整理事件に関わる弁護士は、会規の内容を正しく把握しておくことが重要です。

【Check Point】

□債務整理事件を取り扱う際には債務整理規程を遵守する。　［安藤知史］

Q88: 高齢の依頼者の意思確認

　高齢の依頼者から遺産分割事件を受任しましたが、面談すると、認知力がかなり悪化しているようであり、弁護士の説明を理解しているかどうかについて疑問を感じるようになりました。依頼者の意思を確認するためにどのような対応をすべきでしょうか。

A: 守秘義務に留意した上で、依頼者の親族に依頼者の理解力が落ちていることを説明するなどし、医師の診断を受けさせるようにすべきです。医師の診察で事理弁識能力に問題がないとされたときでも、親族の同席を求めるなどの対応をとるべきでしょう。

〔 解 説 〕

1 依頼者意思の尊重義務　依頼者が自分の意思を表明することや弁護士の説明を理解することなどが難しい状況になったとしても、弁護士は、依頼者の意思を尊重する義務を免れるものではありません。弁護士の職務には一定の裁量権がありますが、そうであっても依頼者の意思を尊重しなければならない場面では、依頼者に委任事務処理の状況を説明し、依頼者の意思を確認する必要が生じます。

2 依頼者の意思確認が困難な場合の対応　職務基本規程22条2項は、「依頼者が疾病その他の事情のためその意思を十分に表明できないとき」は「適切な方法」を講じて依頼者の意思の確認に努めると規定しています。「適切な方法」は、疾病の内容、意思表明が困難な状況によってさまざまでしょうが、**Case** では、守秘義務違反にならないよう留意した上で、親族に依頼者の現状を説明するなどし、医師の診断を求め、医師の診断の結果、事理弁識能力に問題があるとされれば、後見や保佐等の申立てを検討させるべきです。事理弁識能力に問題がないとの診断でも、面談に親族の立ち会いを求める、依頼者との会話内容を録音しておく、説明内容を了解した旨の書面にサインをもらうなどの対応をとるのが望ましいと考えられます。依頼者に負担をかける面もありますが、弁護士の自己防衛の観点から慎重な対応を心がけるべきです。

【Check Point】

□依頼者の理解力に疑問を持ったら慎重に対応すべきである。［安藤知史］

Q89: 同一パイの奪い合い①

信用金庫からある債務者に対する貸金請求事件の依頼を受けたところ、その直後にリース会社からも同じ債務者に対するリース料請求事件の依頼がありました。債務者は、資産も少なく倒産寸前ですが、リース会社の依頼も受けてよいのですか。

A: 信用金庫とリース会社の双方から、その対立当事者の事件をともに受任することの同意を得ない限り、リース会社の依頼を受けてはいけません。

〔 解 説 〕

1 同一パイの奪い合い型利益相反 職務基本規程28条3号は、「依頼者の利益と他の依頼者の利益が相反する事件」を取り扱うことを禁止していますが、その典型例の1つが同一パイの奪い合い型事件です。**Case** では、債務者が倒産寸前とのことですから、信用金庫が回収額をアップさせるほどリース会社の回収額は減少していきます。「こちらを立てればあちらが立たず」の関係にありますが、職務基本規程28条3号は、依頼者の同意がない限りそのような事件を取り扱うことを禁止したわけです。その結果、原則的に先着の事件のみを取り扱うべきだということになります。

2 同意取得上の問題 職務基本規程28条3号の禁止は、依頼者の同意があれば解除されます（同条柱書ただし書）。同意をとるのは簡単そうに見えますが、依頼者は、弁護士は自分のために最善を尽くすものと考えているのが通例であり、信用金庫に対してリース会社の仕事を受任してもよいかと尋ねた場合、「それは困る」と断られる可能性があります。その場合、リース会社からは秘密を漏らした責任を問われかねません。リース会社から、信用金庫にリース料回収事件の内容を開示することの事前了解を取っておくべきです。同じことは、信用金庫にも当てはまります。

【Check Point】

□同じ人を相手方とする複数の依頼があったときは、先着を原則とする。

［髙中正彦］

Q90: 同一パイの奪い合い②

ある被相続人の相続人である二男と長女から、長男を相手方とする遺産分割事件の依頼を受けました。遺産は、マンションとわずかな預貯金です。二男と長女の２人を同時受任してよいでしょうか。

A: 二男と長女が了解している限り同時受任して差し支えありませんが、利害対立が顕在化すれば双方を辞任することになります。

〔 解 説 〕

1 同一パイの奪い合い型利益相反 職務基本規程28条3号違反の典型例の1つが同一パイの奪い合い事件ですが、遺産分割事件ではしばしば遭遇します。限られた遺産を取り合う関係にありますから、1人の相続人の満足は他の相続人の不満に直結します。ただ、遺産分割事件は、一般的にグループに分かれますから、同じグループの相続人間では同意取得に守秘義務の問題はほとんど発生しません。**Case** でも、二男と長女は、長男に対抗することで団結していますから、同意獲得は容易でしょう。

2 利害対立顕在化による辞任 遺産分割事件の特殊性は、仲が良いと思われていた相続人の仲違いです。遺産の取り合いなので考え方の相違が表面化しやすく、最後まで仲違いが発生しないと考えるのは危険です。職務基本規程32条は、同時受任に際して辞任の可能性その他の不利益を及ぼすおそれのあることの説明義務を、同規程42条は、受任後に現実に利害対立が発生したときの辞任その他の事案に応じた適切な措置を講ずる義務を規定しています。後者は、依頼者全部の辞任を強制していませんが、現実には、特定の人のみ受任を続ければ辞任された依頼者は不満を持つのが通例でしょう。全部辞任を選択せざるを得ないことが多いと考えられます。

3 協議を受けて賛助した事件の該当性 二男と長女から遺産分割事件の相談を受けて法的説明をすれば、弁護士法25条1号・職務基本規程27条1号の「相手方の協議を受けて賛助した事件」に該当するので、二男から受任すれば長女からは受任できないとする考えもあります。この場合は、二男が同意しても長女の受任はできません。

【Check Point】

□遺産分割事件では相続人の仲違いが顕在化しやすい。　　　　　　　〔髙中正彦〕

Q91: ドミノ倒し①

建物所有者から、無断建物建築を理由とする建物収去土地明渡請求訴訟の被告代理人を依頼されましたが、建物所有者は、「建物の賃借人も被告となっていますから、受任してもらえませんか」といいます。同時に受任してよいでしょうか。

A: 建物所有者と建物賃借人の利害対立が表面化していなければ、同時受任して差し支えありませんが、利害対立が顕在化すれば、一般に双方を辞任することになります。

〔 解 説 〕

1 ドミノ倒し型利益相反　職務基本規程28条3号が禁止する「依頼者の利益と他の依頼者の利益が相反する事件」の典型例の1つがドミノ倒し型事件です。建物所有者が敗訴すれば、ドミノ倒し＝将棋倒し的に建物賃借人も建物から退去せざるを得ません。そして、建物賃借人は建物所有者＝建物賃貸人に対し、債務不履行に基づく損害賠償請求権を持ちます。職務基本規程28条は、利害対立が表面化している場合に適用があると解されているところ（解説93頁）、訴訟開始時点では建物所有者が敗訴するかどうかが不明であって、建物賃借人との利害対立が表面化していません。したがって、同時に受任することが可能です。

2 利害対立の顕在化　利害対立が顕在化したときとは、厳密には建物所有者の敗訴判決が確定したときですが、その前の敗色濃厚のときから建物賃借人は、建物からの退去と建物賃貸人に対する損害賠償問題に強い関心を持ちます。敗色濃厚のときから、弁護士は建物所有者と建物賃借人双方に同一の誠実義務を尽くすことが難しくなり、双方辞任に至ることが多いでしょう。やはり、当初から一方のみを受任する方が無難です。

なお、弁護士法25条1号・職務基本規程27条1号に該当するとの考えもあります。その場合は、そもそも両者の受任ができません。

【Check Point】

□建物所有者と建物賃借人双方に誠実義務を尽くすことは困難である。

［髙中正彦］

Q92: ドミノ倒し②

貸金請求訴訟を提起された債務者から、「父親も連帯保証人として共同被告になっているので、一緒に受任してほしい」と依頼されました。主債務者と連帯保証人とを同時に受任してよいのでしょうか。

A: 主債務者と父親の連帯保証人を同時に受任することは、両者の利害対立が顕在化していない場合には差し支えないと考えますが、両者が対立関係に入ったかどうかを注視する必要があります。

〔 解 説 〕

1 ドミノ倒し型利益相反 主債務者とその連帯保証人を同時に受任することは、かなり行われているように見受けられます。しかし、主債務者と連帯保証人が敗訴し、連帯保証人が保証債務を履行すれば主債務者に対して求償権を取得しますから、ドミノ倒し＝将棋倒し的に利益が相反することになります。この類型は、職務基本規程28条3号の「依頼者の利益と他の依頼者の利益が相反する事件」に当たりますが、主債務者が連帯保証人に負い目を感じていることから、両者の受任を求められることが多々ありますし、連帯保証人に弁護士費用を負担させるのも気の毒だとの意識も働きます。職務基本規程28条本文ただし書に従い、主債務者と連帯保証人の双方の承諾を得て、双方の受任をしている例が多いというわけです。

2 利害対立の顕在化による辞任 しかし、主債務者と連帯保証人が敗訴すれば、連帯保証人は保証債務の履行を迫られ、一気に緊張感が高まり、連帯保証人が主債務者に対する不満を募らせます。そのようなときに、双方の受任を続けることは困難です。それでは、どちらを辞任するかですが、どちらを辞任しても不満を言われることが多いでしょう。かといって双方辞任といえば、新たな弁護士費用の負担で不満を買います。両者の関係がどう変化しているかを見極めることが大切です。

なお、弁護士法25条1号・職務基本規程27条1号に該当するとの考えもあります。その場合は、そもそも両者の受任ができません。

【Check Point】

□主債務者と連帯保証人の双方受任は、双方敗訴で一気に緊張が高まる。

［髙中正彦］

Q93: 遺言執行者①

遺言に基づいて遺言執行者に就任しましたが、遺言者の相続人の１人から、他の相続人が原告になっている遺留分侵害額請求訴訟の被告訴訟代理人を依頼されました。原告の相続人から同意を取れば、被告の訴訟代理人になってよいのですか。

A: 原告の相続人の同意があっても、遺留分侵害額請求訴訟の被告訴訟代理人は断るべきです。

〔 解 説 〕

1 遺言執行者に関する懲戒事務の変遷　利益相反に関して最も話題を提供しているのは、遺言執行者です。日弁連懲戒委員会の議決が揺れ動いているからです（解説96頁以下）。直近の議決では、遺言執行者に裁量の余地がなく実質的に見て利益相反関係が認められない場合には非行に当たらないとしていますが、それ以前は、遺言執行者には中立性・公平性が求められ、それを害すれば職務基本規程5条の職務の公正保持義務、6条の品位保持義務の違反になるとする議決が多数でした。現在も、懲戒実務が固まったとは到底いえませんから、一番厳しい議決内容に従って対応しておくのが無難です。

2 遺言執行者の中立性・公平性　遺言執行者の中立性・公平性は、当該遺言者の相続人からの等距離性という意味ですから、遺言執行者としての職務を遂行中に、当該遺言者の相続人の1人から、他の相続人が原告になっている遺留分侵害額請求事件の被告代理人を受任すれば、中立性・公平性を損なうことは明らかです。また、職務基本規程5条の公正保持義務と6条の品位保持義務の違反は、相手方の同意を得たとしても違反が解消されませんから、相手方の同意を論じても無意味です。遺言執行者に就任したら、当該遺言者の相続人からは一切の当該相続関係事件を受任しないことに徹するべきです。

【Check Point】

□遺言執行者に就任したら、遺言者の相続人とは等距離性を保つ。

［髙中正彦］

Q94: 遺言執行者②

裁判所から遺言執行者に選任されましたが、遺言執行が終わった後に、その遺言で建物を取得した相続人から、賃借人に対する建物明渡請求事件を依頼されました。遺言執行者として当該建物の相続登記手続をしましたが、受任してよいのですか。

A: 受任して差し支えありませんが、遺言執行行為の公正に疑念を抱かれる原因があれば、受任は控えるべきです。

〔 解 説 〕

1 遺言執行者の中立性・公平性　遺言執行者には、その遺言に係る相続人とは等距離性を保持すべきだという考え方が有力です。それは、職務基本規程5条の公正保持義務、6条の品位保持義務が根拠になるとされています。この考え方を貫いていくと、遺言執行者の相続人との等距離性は、遺言執行業務を終えたかどうかは無関係というところまで行き着きます。現に、遺言執行者となった弁護士は、遺言執行の終了後も特定の相続人の代理人となって他の相続人を相手に訴訟行為を行うことは慎むべきであり、これに違反すれば、品位を失い非行に当たるとする日弁連懲戒委員会議決があります（解説97頁）。

2 遺言執行業務終了後に許される行為の範囲　上記の日弁連懲戒委員会議決は、遺言に係るある相続人を代理して他の相続人を被告とする訴訟を遂行した場合であって、**Case** は、相続人どうしの争いではありません。したがって、遺言執行者として遺産たる建物の相続登記手続をしたとしても、それは裁量の伴わない機械的な遺言執行行為にとどまるので、当該建物を取得した相続人から相続に関連性のない賃借人に対する建物明渡請求事件を受任しても、遺言執行行為の公正に疑念が生ずるおそれはないといえます。ただ、当該建物の遺言執行に裁量があり、建物賃借人とも関連があったような場合は、不可でしょう。

【**Check Point**】
□遺言執行終了後でも、公正に疑念を抱かれるような事件は受任しない。

［髙中正彦］

Q95: 遺言執行者の代理人

遺言で遺言執行者に指定された相続人から、「遺言執行業務を代理して行ってほしい」との依頼がありましたが、以前に被相続人からその遺言書の作成方法を相談され、公正証書遺言の案を作成してあげたことがあります。遺言執行者の代理人になってよいのでしょうか。

A: 遺言執行者の代理人に就任することには何ら問題ありません。遺言執行者を指定する遺言書作成に関与していても、同様です。

〔 解 説 〕

1 遺言執行者の代理人就任　遺言執行者は、復任権を有しますから（民1016条）、弁護士に委任することはもちろん可能です。弁護士は、弁護士法3条に規定する法律事務に属する執行業務をメインとして代理行為を行うことになります。

2 遺言書作成への関与　**Case** では、遺言執行者の指定を含む公正証書遺言の作成に関与したことがあるとされていますが、この点をどう考えるかが問題です。たとえば、遺言の内容が遺言執行者に指定した相続人に対して遺言者の全ての財産を遺贈するものであったら、他の相続人は、その遺言書の作成に関与した弁護士が遺言執行者をダミーとして、1人の相続人の利益のためにのみ終始偏頗的に行動しているとの疑念を持つのではないかと思われます。しかし、遺言執行者は、遺産の管理処分を行う者として相続人全員と等距離を保つべきであるといわれていますが、それは遺言執行者自身に要求されることであって、依頼者のために党派的行動をとるのが職務の基本である代理人弁護士には無関係と考えられます。したがって、弁護士が依頼者たる遺言執行者の利益のために職務を行うことに特段の制限はありません。他の相続人が持つであろう疑念は、弁護士の職務を基本的に理解していないものというべきです。

【Check Point】

□遺言書作成に関与しても遺言執行者の代理人になるのは問題ない。

［髙中正彦］

Q96: 遺言執行者へのアドバイス

遺言執行者になるとその遺言者の相続に関してはどの相続人の代理もできないと教わりましたので、遺言執行者には就任せずに特定の相続人の代理人に徹することとし、その相続人が遺言執行者になれば無償でアドバイスをしたり書類作成の代行もしています。問題ないでしょうか。

A: 遺言執行者になった相続人に対し、対価を取らずに、遺言執行業務のアドバイスをしたり書類作成の代行を行うことには、特段の問題はありません。ただ、実質的に遺言執行者に就任したのと同じだと認められるようになると、やや問題となってきます。

〔 解 説 〕

1 遺言執行者に関する懲戒実務の混乱　遺言執行者に就任した弁護士がその遺言にかかる相続人から当該相続に関係する事件を受任することについては、懲戒実務が混乱しています。ただ、遺言執行者には特定の相続人と等距離であるべきであって、それに反すれば職務基本規程5条の公平誠実義務、6条の品位保持義務に違反するとの議決が現在も優位にあるといえます。したがって、**Case** にあるように、遺言執行者になればその遺言者の相続に関してはどの相続人の代理もできないと考えておくのが無難です。

2 遺言執行者への無償アドバイス等　弁護士が、遺言者が死亡して遺言が効力を生じた後にその遺言の執行者に就任せずに、ある特定の相続人のみの依頼を受け続けることは、賢明な選択といえます。ただ、遺言執行者に就任したダミーの相続人を裏で操っていると認定されると、いかに無償であっても、実質的に遺言執行者に就任した状況を作出しておきながら、公平誠実義務に違反して特定の相続人の利益のためにのみ行動している等と批判されるおそれが出てきます。できれば、遺言執行業務にはノータッチとし、別の弁護士を代理人にしておいた方がよいように思います。

【Check Point】

□相続人から事件受任中は、遺言執行者に対する支援は慎重に行う。

[髙中正彦]

Q97: 成年後見人

家庭裁判所から認知症の老人の成年後見人に選任されていましたが、その被後見人が死亡して後見が終了したところ、その相続人の1人から、被後見人の遺産分割の代理人を依頼されました。受任してよいのでしょうか。

A: 受任して差し支えありませんが、成年後見中の職務遂行の公正に対して疑念を生じさせる場合は、受任を避けるべきです。

〔 解 説 〕

1 成年後見人と遺言執行者との異同　遺言執行者はその選任者に対して善管注意義務を負い（民1012条3項・民644条）、すべての相続人に対して中立性・公平性を保持しなければならないとされますが、成年後見人は、被後見人に対して善管注意義務を負担するものの（民869条・民644条）、その被後見人が死亡すれば後見が終了し、当該被後見人と利害が対立することがありません。したがって、成年後見人は遺言執行者に求められるような中立性・公平性を保持する義務はないといえます。この点から見ると、被後見人の相続人から当該被後見人の相続に関する事件を受任しても差し支えないといえます（日弁連懲戒委員会の議決につき、解説100頁）。

2 後見人の職務の公正維持　しかし、後見人であった弁護士が被後見人の相続人からの相続関係事件を受任することが無限定に許されるわけではありません。後見人時代の職務遂行の公正さに疑念を生ずる場合、たとえば、成年後見中の行為について善管注意義務違反や後見報告書の内容に不備不正があり、一部相続人からの受任がその隠蔽を目的とする場合、相続人間で争いになった内容につき後見人でなければ知り得ない事実を依頼された相続人のためにのみ使用する場合等には、相続人からの相続関係事件の受任は許されません（解説100頁）。

【Check Point】

□被後見人死亡で後見が終了すれば、その相続人からの受任は許される。

〔髙中正彦〕

Q98: 即決和解

友人の弁護士から、建物明渡しの即決和解の相手方代理人への就任を依頼され、相手方から署名捺印済みの委任状が送付されてきました。「裁判所に出頭し、和解調書を受領したら、本人に送るだけでよく、報酬は、10 万円を支払う」とのことでした。依頼者に面会もしないでその代理人になってよいのでしょうか。

A: 友人の弁護士が相手方の署名押印済みの委任状を入手した行為は、即決和解の相手方の依頼によってその代理人弁護士を選任した行為とされ、弁護士法 25 条 1 号（職務基本規程 27 条 1 号）に違反します。

〔 解 説 〕

1 受任者欄白地の委任状への署名押印を求める行為 即決和解では、相手方が裁判所出頭を嫌がることが多々あります。そこで、受任者欄白地の委任状を示し、「これに署名押印してもらえば私の方で弁護士を選任して即決和解をしておきます」とすることが往々にして行われます。しかし、これは、弁護士法 25 条 1 号が禁止する「相手方の依頼を承諾した事件」に当たります。反対の裁判例もありますが、大半の裁判例は弁護士法 25 条 1 号違反としています（解説 95 頁）。さらに、**Case** では、相手方の委任状をもらった弁護士が相手方本人に面会しないままに即決和解を成立させることが問題とされています。弁護士は、依頼者の意思を尊重して職務を行う義務（職務基本規程 22 条 1 項）のほか、事件処理の方法や弁護士報酬の説明義務（同 29 条 1 項）等がありますから、相手方に何の連絡もしないのはこれらの違反となります。

2 弁護士を紹介する行為 解説 95 頁では、即決和解の相手方代理人となる弁護士を紹介するにとどめるべきだとしています。紹介は、相手方に対して弁護士の氏名、事務所等を教示する行為であり、その範囲を越えてはいけません。

【Check Point】

□即決和解では相手方に面会して委任状をもらうべきである。

〔髙中正彦〕

Q99: 公正証書の作成

貸金請求を依頼され、借主と交渉を重ねたところ、分割弁済で合意に達しました。依頼者は、「きちんと履行するか不安なため、費用は全部私が持つので、公正証書にしてほしい」といってきました。そこで、私が貸主の代理人に、私の事務所の事務職員が借主の代理人になって債務弁済公正証書を作成しました。問題ありますか。

A: 弁護士法 25 条 1 号（職務基本規程 27 条 1 号）に違反すると解されます。

〔 解 説 〕

1 相手方の依頼を承諾した事件　当事者間ですでに取り決められた契約を公正証書にする場合に、一方当事者の委任に基づき他方当事者が前者の代理人を選任しても民法 108 条 1 項の自己契約に当たらないとするのが判例ですが、同じことを弁護士が行えば、弁護士法 25 条 1 号に規定する相手方の依頼を承諾した事件の取扱いに当たるとするのが判例です（解説 95 頁）。一般に民法 108 条 1 項の解釈が広がっていますから、弁護士が契約当事者双方から委任状をもらって公正証書を作成できると考えがちですので、注意が必要です。

2 弁護士とその雇用に係る事務職員との分離　そうすると、弁護士が契約当事者双方の委任を受けなければよいと考え、その弁護士が雇用する事務職員に他方当事者の代理人を務めさせることが頭に浮かびます。一見すると問題なさそうですが、解説 95 頁は、この場合も、利益相反に当たると解すべきだといいます。弁護士が雇用する事務職員は、弁護士の指揮命令下に置かれ、実質的に弁護士が契約当事者双方から委任を受けたのと同じ状況にあるといえるからです。その結果、弁護士は、契約の一方当事者の代理しかできず、他方当事者については、本人作成にするとか別の弁護士等を紹介する方法をとらざるを得ません。

【Check Point】

□弁護士は公正証書作成につき一方当事者の代理しかできない。

［髙中正彦］

Q100: 顧問契約先どうしの契約への関与

　勤務弁護士の私が担当する会社と同じ事務所の勤務弁護士が担当する会社がありますが、両方ともボス個人の顧問契約先です。この両方の会社が継続的取引契約を結ぶこととなりましたが、双方の利害が対立する事案にならないのでしょうか。

A: 同一事務所に所属する弁護士が担当を別にしていても、顧問契約の主体がいずれもボス（雇用弁護士）である以上は、契約条件を巡って依頼者の利益と他の依頼者の利益が対立する可能性があります。

〔 解 説 〕

1 顧問契約先どうしが対立当事者になる場合　数名の弁護士がいるだけの事務所では、顧問契約先どうしが対立当事者になることはほとんどありませんが、大規模事務所ではあり得ます。そのような場合に、担当する勤務弁護士を分別していたとしても、勤務弁護士は雇用弁護士（ボス）の指導監督下にありますから、完全な職務の独立性がありません。したがって、同じ雇用弁護士（ボス）が双方の顧問契約先の代理ができるかという問題に収斂します。継続的取引契約の締結交渉は、契約条件を巡って双方の考え・利益が対立するのは必定ですから、弁護士法25条1号または職務基本規程28条3号に該当し、代理できないという結論になります。

2 顧問契約先がバッティングしたときの対応　利益相反に当たるとして、他方の顧問先の同意を得た上で、一方の顧問先を代理できないかという問題もあり得ますが、弁護士法25条1号を根拠とすれば、同意解除の規定自体がありません。職務基本規程28条3号を根拠とすれば、双方の同意を要件として禁止が解除されますが、現実問題として同意をとることはできないでしょう。結局、継続的取引契約の締結交渉に関する限り、双方の顧問先について代理できないこととなります。

【Check Point】

□顧問契約先がバッティングしたときは双方受任できないのが原則である。

［髙中正彦］

Q101: 登記申請の売主と買主両方の代理

　ある会社の任意整理を受任し、社有の遊休土地を売却することになりました。債権者の代表は、登記費用を節減して配当を増やすため、私に所有権移転登記手続の代理をするよう求めています。土地の売主と買主の双方から委任を受けてもよいのですか。

A: 土地の売主と買主の双方から登記申請の委任を受けて差し支えありません。

〔 解 説 〕

1 登記申請行為の性格　登記申請の売主と買主双方の代理が民法108条1項の双方代理に当たるかにつき、登記申請行為は、国家機関たる法務局に対して一定の登記を求める公法上の行為であって民法の法律行為ではないうえ、すでに効力を生じた権利変動の公示を申請するものであり、登記義務者にとっては義務の履行にすぎず、代理人に委任する場合であっても代理人によって新たな利害関係が創造されるわけではないとして、否定するのが判例です（解説94頁）。そして、弁護士法25条についても、特段の事情がない限り、依頼者の信頼を裏切り、その利益を害するものではないし、弁護士の品位信用を汚すものでもないとして、違反しないとするのが判例です（解説94頁）。

2 登記申請の代理が許されない場合　例外として、売主と買主の双方から登記申請の代理をすることが許されないのはどのような場合かといえば、登記原因である売買について一方当事者の依頼を受けてその者の利益のみを実現する行動をとったような場合が考えられます。この場合は、登記義務者にとって登記申請を委任することは単なる義務の履行とはいえなくなりますし、代理人になれば一方当事者に偏重した行為の不当性を解消する理由に使われるといえるでしょう。

【Check Point】

□売主と買主の双方から登記申請の委任を受けても差し支えない。

［髙中正彦］

Q102: 中立調整役

　ある相続事件について、相続人の1人から「故人と生前から親しく交際していただき、故人も全幅の信頼を寄せていましたので、故人の遺産分割につきましては、先生に分割案を作成いただき、それに相続人全員が異議なく従うことにします」といわれました。どうしたらよいのでしょうか。

A: 相続人全員の利害を調整する仕事になりますが、特定の相続人の依頼のみに徹した方が無難です。

［ 解 説 ］

1 中立調整役の位置づけ　弁護士が複数当事者の利害調整を依頼されることがありますが、これは当事者の代理人として職務を行うものではないので、利益相反の問題は起こりません。しかし、利害の調整に失敗したときは、直ちに全ての当事者の依頼を辞任しなければならなくなりますし、調整役として知り得た秘密を漏示することも禁止されます。当事者から「弁護士さんに間に入ってもらったから安心です」という言葉を聞くことがありますが、中立調整役は実に難しいのです。

2 中立調整役が適正とされる要件　①利害対立の顕在化のおそれが少ない事案であること、②弁護士が全ての当事者と特別な利害関係を持たないこと、③全ての当事者が代理人でないことを理解していること、④弁護士費用は全ての当事者が平等に負担すること、⑤調整が失敗したときは直ちに辞任し以後はいずれの当事者の代理人にもならないこと、⑥調整は全ての当事者が立ち会って協議するのを原則とすること、という要件を満たせば、中立調整は適正であるということができます（解説82頁）。しかし、当事者の数が増えれば増えるほど以上の要件を全てを満たすのはかなり困難だといえるでしょう。なお、中立調整は、そもそも弁護士法3条に規定する職務に当たらないとする考えもあります。

【Check Point】

□中立調整役を引き受けるには多くの要件を満たさなければならない。

[髙中正彦]

Q103: 無料法律相談の相談者が当事者の事件

無料法律相談会に行き、ある女性から離婚の相談を受けて、調停申立方法・離婚慰謝料の相場等を回答しました。その後、ある人の紹介で、離婚調停の相手方夫の代理人を依頼され、調停に代理人として出頭したところ、申立人女性から「あのときの法律相談をした弁護士ね」といわれました。どうしたらよいのでしょうか。

A: 直ちに相手方夫の代理人を辞任する必要があります。なお、夫に辞任理由を説明する際には、女性の秘密漏示に注意が必要です。

〔 解 説 〕

1 相手方の協議を受けて賛助した事件 弁護士法 25 条 1 号は、「相手方の協議を受けて賛助した事件」の取扱いを禁止していますが、賛助とは、法律相談において能動的な対応をしたことを指し、調停申立方法や離婚慰謝料の相場等を回答したことは賛助に当たります。そして、弁護士法 25 条 1 号の禁止は、反対当事者の同意があっても解除されませんから、絶対的です。したがって、直ちに夫の代理人を辞任し、その離婚調停には関与しないようにする必要があります。この場合、交代する弁護士を紹介しても問題ありませんが、その弁護士に対して法律相談で得た申立人女性の情報を提供すると、非行とされる可能性が高まります。

2 辞任に際しての説明 相手方夫の調停事件を辞任する場合に困難な問題となるのは辞任理由の説明です。法律相談で対応した妻は、守秘義務を負う依頼者に当たりますから、法律相談で得た妻の秘密を夫に伝えると守秘義務違反となります。しかし、夫は、辞任理由をかなり詳しく説明しないとなかなか納得しませんから、板挟み状態となります。つい夫に同情して妻の秘密を伝えると、夫が何かの拍子に妻に話してしまい、守秘義務違反が発覚してしまうのです。

【Check Point】

□法律相談で相談した人はどこかで覚えていなければならない。

〔髙中正彦〕

Q104: 後から利益相反に気づいた場合

ある男性から離婚の相談を受けて受任をしましたが、その後、同じ共同事務所に所属する弁護士が、自治体の法律相談で当該男性の妻から離婚の法律相談を受けて法的助言をしていたことが判明しました。どのように対応すべきでしょうか。

A: 直ちにその男性の離婚事件を辞任する必要があります。なお、辞任の際に妻の話した内容は一切当該男性に告知してはなりません。

〔 解 説 〕

1 共同事務所における利益相反の規律　共同事務所に所属する他の弁護士が協議を受けて賛助した事件は受任することができません。同じ事務所に所属する弁護士が自治体の法律相談において離婚事件の相手方である妻からの相談を受けて法的助言をしたというのですから、その所属弁護士が夫の事件を受任すれば弁護士法 25 条 1 号（職務基本規程 27 条 1 号）に抵触することとなります。この利益相反禁止は共同事務所に所属する全ての弁護士に拡張されますから、男性の委任を受けて離婚事件を取り扱うことはできません（職務基本規程 57 条）。ただ、職務基本規程 57 条ただし書は、「職務の公正を保ち得る事由」があるときを除外していますが、共同事務所において所属弁護士間で完全な情報遮断措置がとられていることはほとんどないものと思われます。

2 妻の相談を受けたことの告知　共同事務所に属する別の弁護士が妻の法律相談に応じてしまった以上、男性の離婚事件は受任できませんし、仮に受任してしまったら直ちに辞任する必要があります。ここで重要なのは、辞任に際して妻が法律相談に来ていたことを含め法律相談の経過を一切当該男性に告知してはならないことです。当該男性は、辞任理由を明確にするように求めるのが通例ですが、話せば守秘義務違反となります。

【Check Point】

□共同事務所の弁護士間では利益相反の規律が拡張される。　〔髙中正彦〕

Q105: 友人からの近況報告

駅前で偶然に10年前の高校時代の同窓生に会い、居酒屋に行って呑みましたが、その同窓生は、「実は妻と離婚を考えている」というので、「そうか。よく話し合うんだな」と答えただけで別れました。その後、長く顧問を務めている会社の社長を介して、当該同窓生の妻から離婚調停申立てを依頼されました。受任してよいでしょうか。

A: 受任して差し支えありません。

〔 解 説 〕

1 相手方の協議を受けて賛助した事件　弁護士法25条1号（職務基本規程27条1号）は、相手方の協議を受けて賛助した事件の取扱いを禁止していますが、協議を受けたとは、相手方から主体的に法律的な解釈や解決方法を相談されることをいうと解され、賛助するとは、相談された具体的な事件について相談者が希望する一定の結論や利益を擁護するための具体的見解や法律的な手段を教示・助言することをいうと解されます（解説79頁）。同窓生は近況報告として妻との離婚の話をしたに過ぎないと認められますから、協議を受けたことにはなりません。また、弁護士の側も具体的見解や法律的手段を教示していませんから、賛助したことにもなりません。

2 協議の程度と方法が信頼関係に基づく事件　弁護士法25条2号（職務基本規程27条2号）は、相手方の協議を受けた事件でその協議の程度と方法が信頼関係に基づくものを禁止していますが、そもそも **Case** の弁護士は協議を受けていませんから、問題となりません。ただ、高校時代の同窓生に偶然会って離婚話を聞いた後、妻側の委任を受けて離婚事件に対応するのは気まずいでしょう。長く顧問を務めている会社の社長の仲介なので断りづらい面がありますが、後の精神的負担を考えると受任しない選択もあると思います。

【Check Point】

□雑談中の友人からの人生相談には深入りしないで受け流す。

[髙中正彦]

Q106: 過去に受任した人を相手方とする事件

傷害事件を起こした被告人の弁護人を務め、執行猶予付判決をもらって事件処理を終えたところ、その被告人の妻から、突如当該被告人を相手とする離婚事件を依頼されました。受任してよいでしょうか。

A: 過去に受任した事件の当事者を相手方とする事件の取扱いを禁止する規定はありませんから、受任して差し支えありません。

〔 解 説 〕

1 過去に受任した事件の当事者を相手方とする事件　受任した刑事事件の法律事務を終え、委任契約が終了した後に、その旧委任者を相手方とする民事事件を受任しても、これを禁止する規定がない以上、差し支えないということになります。弁護士法25条3号（職務基本規程27条3号）は、受任している事件の相手方からの依頼による他の事件の取扱いを禁止していますが、妻は刑事事件の相手方ではありませんから、問題となりません。また、職務基本規程28条2号は、受任中の事件の依頼者を相手方とする他の事件の取り扱いを禁止するものですから、これにも該当しません。ただし、刑事事件受任中に被告人から妻との離婚の法律相談を受け、法律的見解や法律的手段を教示していたときは、妻の依頼に係る離婚事件は弁護士法25条1号（職務基本規程27条1号）の相手方の協議を受けて賛助した事件に当たり、受任できなくなりますが、**Case** では、そのような事情もないようです。

2 受任を差し控える場合　受任事件が終了し委任契約関係が存在しなくなったからといって、過去に委任契約を締結し一定の信頼関係を形成した人を相手方とする事件を受任することは、抵抗感があるのが通常です。刑事事件の遂行中にすでに妻から離婚事件の相談を受けていて、自分の刑事事件をお座なりに処理したのではないかとの疑念を抱かれることもあり得ますので、慎重さが必要であると考えます。

【Check Point】

□過去の事件の依頼者を相手方とする事件の受任は慎重に考える。

［髙中正彦］

Q107: 企業の支配権争い

ある会社の少数株主が臨時株主総会の招集請求をし、代表取締役の解任議案を提出した案件につき会社の代理人として対応しましたが、解任決議が成立しました。その後、解任された前代表取締役から株主総会決議取消訴訟の依頼を受けましたが、受任してよいでしょうか。

A: 臨時株主総会招集請求案件と当該株主総会決議取消訴訟とは実質的に同一の紛争といえますから、前者につき会社の代理人を、後者につき前代表取締役の代理人を務めることは、利益相反に当たります。

〔 解 説 〕

1 相手方の協議を受けて賛助した事件　株主総会決議取消訴訟の依頼を受けた場合に、その被告となるのは当該会社ですから、過去に同じ会社の代理人として臨時株主総会招集案件を受任していたことが弁護士法25条1号（職務基本規程27条1号）で禁止される相手方（会社）の協議を受けて賛助していたことになるかが問題となります。一見すると両者は別々の事件のようですが、決議取消訴訟では、代表取締役の解任決議をした臨時株主総会に会社法が定める手続の違反があったかが争点となり、臨時株主総会の手続全般が俎上に上ります。そうすると、弁護士はその手続全般を含めて法的検討をしたわけですから、両者の紛争実態は同じというべきです。

2 弁護士法25条1号の趣旨　弁護士法25条1号は、相手方から法律相談を受けてこれに能動的な回答をすれば相手方の手の内を知ることになるので、弁護士がそのような相手方に敵対する依頼者の委任を受ければ、相手方に対する背信行為になるとする考えに基づいています。**Case**は、臨時株主総会の招集請求とその後の取締役解任決議成立に関する手続の内実を熟知しているわけですから、弁護士法25条1号の趣旨が明確に当てはまります。

【**Check Point**】

□相手方の手の内を知っているときは、相手方の事件の受任はしない。

［髙中正彦］

Q108: 過去の事件の相手方からの依頼

　ある損害賠償請求訴訟を受任し、頑張りましたが敗訴に終わりました。敗訴判決が確定してから 6 か月が経過した頃、その訴訟の相手方であった会社の役員が訪れ「あの訴訟での先生は敵ながらあっぱれでした。ついては、当社の抱える困難な訴訟の代理人に就任してほしい」といわれました。受任してよいと思いますが、問題がありますか。

A: 受任してよいと考えますが、損害賠償請求訴訟の依頼者の了解を取っておいた方が無難です。

〔 解 説 〕

1 敵ながらあっぱれによる依頼　弁護士法 25 条 3 号（職務基本規程 27 条 3 号）は、受任している事件の相手方の依頼による他の事件の取扱いを禁止していますが、これは、現に受任している事件の相手方のみに適用があり、過去に受任しすでに法律事務を終えた事件には及びません（解説 84 頁）。したがって、損害賠償請求訴訟の敗訴判決が確定していれば、その事件の相手方から別の事件を依頼されたらこれを受任することは差し支えありません。もとの受任事件の依頼者の同意も不要です。ちなみに、先輩からは「敵ながらあっぱれ」といわれてもとの敵側当事者から新件の依頼を受けることは弁護士冥利に尽きるといわれていました。

2 過去の受任事件の相手方の依頼を受けるときの留意点　弁護士冥利に尽きるといっても、もとの事件の依頼者が敵対していた相手方の事件を受任していることを知ったら何と思うかは常に注意しなければなりません。特にもとの受任事件が依頼者の 100％ 満足ではない場合は、相手方からの事件受任を狙って手を抜いたのではないかとの疑念を生みかねません。もとの事件が風化している場合は格別、前の事件の判決確定から 6 か月程度しか経過していないときは、相手方から新件の依頼があったことを知らせ了解をとっておくことも考えるべきです。

【Check Point】

□敵ながらあっぱれの依頼でも、もとの依頼者に配慮する必要がある。

［髙中正彦］

Q109: 教育委員会委員として関与した事件

　ある市の教育委員会の委員をしていますが、委員会である児童の体罰問題が審議されました。ところが、その後、当該児童が原告となって市を被告とする体罰に関する損害賠償請求訴訟が提起されました。市の訴訟代理人となってよいのでしょうか。

A: 市の訴訟代理人に就任してはいけません。

〔 解 説 〕

1 公務員として職務上取り扱った事件　弁護士法25条4号（職務基本規程27条4号）は、公務員として職務上取り扱った事件について職務を行うことを禁止していますが、地方自治体の教育委員会の委員は、公務員に当たります（解説85頁）。そこで、教育委員会で審議したある児童の体罰問題と当該児童が原告となって提起した損害賠償請求事件が同一の事件といえるかを検討する必要があります。この点について、形式的に同一であっても、事件の実質に関与していなかった場合は同一性に欠ける反面、両事件間に同一の社会的事実があるかを問題とした場合には同一性があると解されています（解説85頁）。教育委員会は、教育行政における重要事項や基本方針を決定する機関ですが、**Case** においては、ある児童の学校における体罰問題を審議する過程において当然体罰の有無、態様と結果、教員等の責任等が審議されたはずですから、教育委員会の委員は体罰事件の実質に関与していたというべきです。

2 労働委員会の公益委員の場合　労働委員会の公益委員として不当労働行為の救済命令を審議した後、救済命令取消訴訟について労働委員会の委任を受けて訴訟代理人に就任しても、終始労働委員会側に立ってその判断の正当性を主張するのであるから、弁護士法25条4号違反ではないという判例があります（解説85頁）。しかし、この考え方は弁護士法25条4号の立法趣旨に反するものです。

【Check Point】

□公務員として事案の実質に関与した事件は受任できない。　　［髙中正彦］

Q110: 事務所移籍の注意事項

事務所の移籍を検討していますが、移籍先の事務所では、1人の弁護士が今の所属事務所のボスの顧問先会社を相手方とする事件を扱っていると聞きました。このような状況で事務所を移籍することは可能でしょうか。

A: 事務所の移籍をした場合にはもとの所属事務所のボスが顧問契約を締結している先を相手方とする事件を取り扱っている弁護士と一緒になりますから、移籍先の事務所においてボスの顧問先の秘密を保持する態勢を構築することが求められます。

〔 解 説 〕

1 職務基本規程の適用条文　現在の所属事務所にはボスが顧問契約を締結している会社がありますが、移籍先に行くと、その顧問先会社を相手方としている事件を受任している弁護士と一緒になってしまいます。職務基本規程28条2号は、継続的な法律事務の提供を約している者＝顧問会社を相手方とする事件の取扱いを禁止していますが、それは同じ弁護士が一方で顧問を務め、他方でその顧問先を相手方とする事件を取り扱うことを前提としています。**Case** において、移籍したことを前提とすれば、顧問先は以前に所属した事務所のボスの契約先であり、その顧問先を相手方とする事件を受任しているのは同じ事務所所属の弁護士という関係になります。これは、職務基本規程57条が予定する利益相反ではありません（解説168頁）。

2 守秘義務の遵守　利益相反が問題とならないとしても、移籍した弁護士は前の所属事務所に在勤していたときに知り得た秘密を漏示してはならない義務を負います。ボスが法律顧問契約を締結していても、その顧問会社の関係事件を取り扱い、秘密を知ったのであれば、移籍先でも決して漏らしてはいけないこととなります。そのため、移籍先の事務所では、秘密保持態勢の整備が必要です。

【Check Point】

□共同事務所間の移籍では、守秘義務を担保する態勢が重要である。

［髙中正彦］

Q111: 元顧問先を相手方とする事件

5年前まで法律顧問をしていた会社を解雇された人から、当該会社を被告とする解雇無効確認訴訟を受任しました。当該会社の当時の人間関係、役員の性格、社風等を覚えていますが、その知識を前提に訴訟を遂行しても問題はないでしょうか。

A: 顧問契約当時の会社の秘密を訴状や準備書面で開示することが予想される限り、解雇無効確認請求訴訟の受任は控えるべきです。

〔 解 説 〕

1 過去の顧問先を相手方とする事件　職務基本規程28条2号は、継続的な法律事務の提供を約している者を相手方とする事件の取扱いを禁止していますが、その代表例は顧問契約先です。しかし、これは現に顧問契約を締結中の者に限定され、過去に顧問契約先であった者は含まれません。したがって、元の法律顧問先の従業員から顧問先を相手方とする解雇無効確認請求訴訟を受任することは、利益相反の点からは差し支えがありません。なお、顧問契約締結中に当該社員の解雇問題の相談を受け法的見解を示したのであれば弁護士法25条1号に該当するので、受任できません。

2 元法律顧問先に対する守秘義務の遵守　ここで問題となるのは、顧問先に対する守秘義務の遵守です。刑法134条・弁護士法23条の守秘義務は、現に顧問契約を締結中の会社の秘密に限定されず、過去に顧問契約を締結していた先の秘密も対象となりますから、解雇無効確認請求訴訟で、顧問契約締結中に知り得た会社の実情のうち秘密に属する事項を訴状や準備書面に記載すれば、守秘義務違反を追求されます。会社内の人間関係、役員の性格、社風等の全てが秘密に属するとはいえませんが、反対に秘密に当たらないともいえません。したがって、守秘義務を遵守する見込みがなければ、解雇無効確認請求訴訟を受任すべきではありません。

【Check Point】

□元顧問先を相手とする事件は、守秘義務を遵守できなければ受任しない。

［髙中正彦］

Q112: 顧問先の元役員を相手方とする事件

顧問先会社の代理人として、元役員を相手方として在任中の特別背任による損害賠償請求訴訟を受任することに問題はありませんか。当該元役員とは親しく交際し、酒席やゴルフも相当回数になっています。

A: 元役員を相手方とする事件を受任することに問題はありません。

〔 解 説 〕

1 顧問先の元役員を相手とする訴訟　継続的な法律事務の提供をする法律顧問契約を締結した顧問先に対しては、善管注意義務（民 644 条）、誠実義務（弁 1 条 2 項）を負担しますが、委任契約その他の契約関係もない当該顧問先会社の役員に対して負うことはありません。したがって、顧問先の元役員が在任中に行った違法行為に基づく損害賠償請求の訴訟を顧問先から受任してこれを遂行することには、原則的に利益相反の問題は発生しません。

2 元役員から横領の話を聞いていた場合　ところが、**Case** では、元役員と親しく交際し、酒席やゴルフも相当回数になっていたということですから、その中で特別背任に関する話が出た可能性があります。話に出たとすると、それを無視したなら別ですが、何らかの応対をしたときは、弁護士法 25 条 1 号（職務基本規程 27 条 1 号）が禁止する相手方の協議を受けて賛助した事件に該当する可能性が出てきます。協議とは法律相談をすることであり、雑談に属する身の上話、愚痴話は含まれません。賛助とは相談者が希望する一定の結論ないし利益を擁護するための具体的見解や法的手段を協議・助言することをいいます（解説 80 頁）。さらに、弁護士法 25 条 2 号（職務基本規程 27 条 2 号）は、賛助に至らなくとも、協議の程度と方法が信頼関係に基づく場合も、職務を禁止しています。ただ、立ち話的な相談、初対面時の短時間の相談、詳細な事実関係の裏付けのない抽象的な相談は、信頼関係に基づくものとは認められません（解説 83 頁）。

【Check Point】

☐顧問会社の元役員を相手とする訴訟では、それまでの会話を吟味する。

[髙中正彦]

Q113: 顧問先を債権者とする破産申立て

ある会社の破産申立てを依頼されましたが、債権者のリストを見ましたら、法律顧問契約を締結しているガソリンスタンド会社がありました。負債総額は、100社で10億円ですが、そのガソリンスタンド会社の債権額は3万円です。受任してはいけませんか。

A: ガソリンスタンド会社には事前はもちろん破産手続開始後も当該破産事件に関する情報提供や法律事務は一切行わないという前提であれば、かろうじて受任できると考えます。

〔 解 説 〕

1 法律顧問先を相手方とする事件 職務基本規程28条2号は、継続的な法律事務の提供を約している者を相手方とする事件の取扱いを禁止していますが、法律顧問契約先はその代表例です。破産は、破産者の財産の適正かつ公平な清算を図る手続であり（破1条）、その申立事件は、全ての債権者を相手方とするものといえますが、破産申立事件における債権者は、事件の相手方に当たり、それが継続的な法律事務の提供を約している者であれば、職務基本規程28条2号に抵触することになります。

2 実質的な利害対立の存在 職務基本規程の利益相反の規律は、利害対立が顕在化していないときには適用されませんが（解説93頁）、負債総額の0.003％にすぎない少額債権であること、債権届出のみが求められる一般債権者であること、取引内容はガソリン給油のみで完結していること等からすると、債権届出をはじめとする破産手続に一切関与しないことを要件とすれば、実質的に利害対立が顕在化していないと解釈し、破産申立てを受任できると考えることができます。もちろん、いかに少額であっても職務基本規程28条2号に抵触する以上、受任してはならないとの考えも極めて有力です。

【Check Point】

□利害対立が実質的に顕在化していないときは、利益相反問題はない。

〔髙中正彦〕

Q114: 顧問先が債権者の破産管財事件

債権者総数 50 名・負債総額 10 億円の会社の破産管財人就任を打診され、事前に裁判所から主要債権者の開示を受けたうえ受諾しました。いざ就任すると債権者リストから漏れていた破産債権者として法律顧問契約を締結していたリース会社があり、コピー機 1 台のリース契約（リース残高 60 万円）がありました。破産管財人の解任申し出を裁判所にすべきなのでしょうか。

A: 裁判所と協議して決定すべきですが、コピー機の取戻権を承認して返還し、コピー機処分後の規程損害金を破産債権として認否するだけであれば、そのまま管財業務を続けることもあり得ると考えます。

〔 解 説 〕

1 破産管財人に対する利益相反規律の適用 破産管財人は、裁判所によって選任され（破 74 条）、総債権者の利益のために破産財団に属する財産の管理・処分を行うものであり（破 78 条 1 項）、裁判所や総債権者との間に委任契約関係が成立するわけではありません。破産管財人と破産債権者との関係に職務基本規程 28 条 2 号の利益相反の規律が及ぶとの考え方もありますが、法令により官公署から委嘱された事項につき、「職務の公正を保ち得ない事由」があるときは当該委嘱を受けることを禁止する職務基本規程 81 条の問題として捉えるべきだとするのが妥当です（解説 102 頁、219 頁）。

2 職務の公正を保ち得ない事由 その意味は、客観的・実質的に考えて当該委嘱にかかる職務に対する信頼を確保することができない事情ということです（解説 219 頁）。厳格に考える立場では、債権額の多寡にかかわらず公平・公正であるべき破産管財人は特定の債権者と利害関係を有すれば直ちに解任の申し出をすべきだという結論になるでしょう。比較的緩やかに考える立場では、反対の結論になります。

【Check Point】

□破産管財人については官公署委嘱事項の制限の観点から検討する。

[髙中正彦]

Q115: 出資した会社の破産申立て

　大学時代の親友から「ベンチャー企業を立ち上げるので 300 万円の出資をしてほしい」といわれ、出資しました。ところが、2 年後にその友人から「立ち上げた会社の資金繰りが逼迫しており、破産申立てをしてほしい」と依頼されました。受任してよいでしょうか。

A: 受任しても差し支えないといえますが、受任してはならないとする考えもあります。

〔 解 説 〕

1 自己の経済的利益と相反する事件　職務基本規程 28 条 4 号は、依頼者の利益と自己の経済的利益が相反する事件の取扱いを禁止していますが、それは、弁護士が自己の利益を確保しようとするあまり依頼者にとっての誠実な事件処理をおろそかにする場合をいいます（解説 93 頁）。**Case** では、破産申立てをすれば自己が出資した 300 万円が無価値になる関係にありますから、依頼者＝ベンチャー企業と弁護士である自己の経済的利益が対立する関係にあるように見えます。しかし、破産申立事件は、申立書を作成して裁判所に提出するのが処理内容であり、破産手続開始決定後は裁判所選任の破産管財人が破産財団に属する財産の管理処分権を専属的に行使します。そうすると、確かに自己の出資が無価値にはなりますが、破産申立ての法律事務をおろそかにする余地はほとんどありません。せいぜい考えられるのは、破産申立てを故意に遅延させ、その事件処理過程において自己の出資金回収を図ろうとすることですが、それは、職務基本規程 5 条や 35 条で対処できます。

2 厳格な考え方　もちろん、弁護士が自己の経済的利益を確保しようとして事件処理に手心を加える余地が少しでもあれば職務基本規程 28 条 4 号に該当すると考えることもできます。

【Check Point】

□自己の経済的利益確保のために事件処理に手心を加えてはならない。

［髙中正彦］

Q116: 依頼会社の代表者を相手方とする事件

ある中小企業について民事再生を申し立てました。民事再生手続開始決定後に、その代表者に対する損害賠償請求権の査定の申立てについても、法人の代理人として受任してよいのでしょうか。

A: 差し支えないと考えます。

〔 解 説 〕

1 民事再生手続開始申立と役員の損害賠償請求権の査定の裁判 民事再生手続開始の申立ては、債務者会社と債権者間の民事上の権利関係を調整して事業の再生を目的とするものですが（民再1条）、役員の損害賠償請求権の査定の裁判は、債務者会社の役員に会社法に定める義務の違反があり、その損害賠償請求権があるか、あるとして賠償金額はいくらかを再生裁判所が査定する手続であり、再生債務者または再生債権者の申立てによるのが通例です（民再143条1項・2項）。この役員の損害賠償請求権の査定の裁判の申立ては、再生債務者が再生債権者に対して負担する公平誠実義務（民再38条2項）に基礎を置くものと認められますから、再生債務者の代理人弁護士が代表者に対する損害賠償請求権の査定の裁判申立ての代理人を務めることには利益相反の問題はありません。

2 再生債務者会社の代表者からの法律相談等 再生手続開始の申立手続のみを受任したのではなく、再生債務者会社の法律顧問を務めていた弁護士がそのまま再生手続開始申立ての委任を受けた場合は、事情が異なります。法律顧問時代に当該代表者から法律問題の相談を受け、法的助言をしていた場合に、助言した内容が取締役の義務違反行為に関係していれば、弁護士法25条1号の相手方の協議を受けて賛助した事件に該当する可能性が出てきます。代表者の義務違反行為の内容をしっかりと吟味することから始める必要があります。

【Check Point】

□役員の損害賠償請求権の査定の裁判は顧問時代の助言を思い出す。

[髙中正彦]

Q117: 相手方の親族からの法律相談

　自治体の法律相談に行きましたら、受任中の離婚事件の相手方の親族（母親）がその離婚事件で相談に来ており、それに気づかず相談に応じました。途中で気付き、利益相反の可能性があることを説明して相談を止めましたが、当該離婚事件を引続き処理してよいでしょうか。

A: 法律相談に対する回答内容によりますが、相手方の手の内を知ったのなら離婚事件を引き続き処理するのは控えるべきものと考えます。

〔 解 説 〕

1 相手方の協議を受けて賛助した事件　弁護士法 25 条 1 号（職務基本規程 27 条 1 号）は、相手方の協議を受けて賛助した事件の取扱いを禁止していますが、「相手方」とは、同一案件における事実関係において利害の対立する状態にある当事者をいうものとされます（解説 79 頁）。そこでは、事件の形式的当事者本人に限るとはされておらず、形式的当事者本人に準ずる者も「当事者」として「相手方」になり得ると考えることができます。

2 利害対立の状態にある当事者　利害対立の状態とは、当該同一事件について法律上の利害が対立する関係にあることが必要と解されます。単なる感情的な対立は含まれませんし、親族関係にあることもそれだけでは無関係というべきです。**Case** では、法律相談に来たのが、受任中の離婚事件の相手方の母親ですから、法律上の利害が直接対立する当事者から相談を受けていたことにはならないといえそうです。しかし、弁護士法 25 条 1 号の趣旨は、事件の相手方（ないしこれに準ずる者）から法律相談を受けてこれに回答し、相手方の手の内を知っているのにこれを逆手にとることを相手方保護の見地から禁止するものです。当事者本人に準ずるといえる母親から、離婚事件の相手方本人の手の内に関する事項が開示されたのであれば、弁護士法 25 条 1 号の趣旨にかんがみ、離婚事件の処理を控えるべきものと考えます。

【Check Point】

□弁護士法 25 条 1 号の相手方は必ずしも当事者本人に限定されない。

[髙中正彦]

Q118: 利益相反を解消させる手段

貸金請求事件の相手方から、ある加害者の起こした交通事故による損害賠償請求事件を依頼したいといわれました。訴額もこちらの方が大きく受任したいのですが、当初依頼者からの同意が見込めないので、当初依頼者の事件を辞任した上で交通事故事件を受任しようと考えています。問題ないでしょうか。

A: 誠実公正義務や品位保持義務に違反すると認められます。

〔 解 説 〕

1 ホットポテト法則 アメリカでは、敵対する2人の依頼者を別々の訴訟で代理していることに気付いた場合、ホットポテトを放り投げるように、一方の当事者を軽んじて厄介払いしたり、新規依頼者を旧来の依頼者と取り替えようとしてはならない、2人から利益衝突の同意を得ない限り、両方の事件を辞任すべきであるとされ、これをホットポテト法則と呼んでいます。わが国では、このような明文規律はありませんが、職務基本規程5条の誠実公正義務、6条の品位保持義務から考えていくことになります。**Case**では、交通事故事件の方が訴額が大きいこと（弁護士報酬も大きいこと）が、貸金請求事件をホットポテトのように放り投げる動機になっていますが、これは、誠実公正義務、品位保持義務に違反することが明らかであると考えます。

2 受任中の事件の相手方からの依頼による他の事件 弁護士法25条3号は受任中の事件の相手方の依頼による他の事件の取扱いを禁止し、当初依頼者の同意を解除原因としています。しかし、**Case**では、当初依頼者の同意が見込めないとありますが、一般に弁護士法25条3号の禁止を解除する当初依頼者の同意取付けは簡単ではありません。依頼者は、終始自分の弁護士でいてほしいのです。なお、同意取付けの際、相手方の秘密の保持義務に十分留意する必要があります。

【Check Point】

□新規依頼者を旧来の依頼者と取り替えようとしてはならない。

［髙中正彦］

Q119: 複数依頼者がいる遺産分割事件の辞任

　相続人が5人いる遺産分割事件で、3人の相続人から依頼を受けて裁判外の交渉を進めていましたが、依頼者の3名の間に意見の対立が見え始め、やがて相互に罵り合うようになりました。私は、そのうちの1人と特に懇意であり、当該遺産分割事件を最初に依頼してきたのもその人でしたから、その人の委任契約は続け、残りの2人を辞任しようと思います。よろしいでしょうか。

A: 委任を受けた全員を辞任する必要があります。

〔 解 説 〕

1 複数依頼者がいる遺産分割事件での利害対立顕在化　遺産分割事件では複数のグループに分かれて係争する場面がよくありますが、同一グループ内で意見対立がなく利益相反が顕在化していないときは、複数の相続人からの依頼を受けることが可能です。しかし、その後同一グループの相続人が相互に罵り合いをはじめ、利害対立が顕在化すれば、それを規律するのは弁護士法25条1号（職務基本規程27条1号）になるというのが有力説です（解説92頁）。そうすると、相手方の同意による禁止の解除はありませんから、すべての相続人について辞任する必要があることになります。職務基本規程42条は、複数依頼者の受任後に現実に利害対立が生じたときは、辞任その他の事案に応じた適切な措置をとることを義務づけていますが、弁護士法25条1号の適用がある場合には、数名のうちの一部のみの辞任が許されることはないわけです。

2 一部の辞任が許される場合　全員を辞任してしまうと新たな弁護士の探索と委任を強制し、経済的負担を強いること、弁護士過疎地域では辞任されると依頼者が道に迷うこと等を理由として、利害対立が深刻でない場合には、一部の辞任が許されるとする考えもあります（解説92頁）。

【Check Point】
□複数の相続人依頼者が相互に罵り合えば全員を辞任する必要がある。

[髙中正彦]

Q120: 共同事務所の離脱後における利益相反

ある先輩弁護士の事務所に入所して勤務弁護士をしていたのですが、その先輩弁護士は、ある製薬会社の依頼により知財訴訟を単独で遂行していました。ところが、その後、同期の友人弁護士に誘われて共同事務所を開設することとなり、その友人と話をしていたら、先輩弁護士が遂行していた知財訴訟の相手方会社を友人が代理しており、一緒にやろうといわれました。受任してよいのでしょうか。

A: 反対説も有力ですが、受任して差し支えないと思われます。

〔 解 説 〕

1 共同事務所での利益相反規律　共同事務所では、1人の所属弁護士に職務基本規程27条または28条違反となる事件があると、その他の共同事務所所属弁護士もその事件を取り扱うことができません（同規程57条）。しかし、この規律は、共同事務所に所属している弁護士に限って適用され、共同事務所を離脱した弁護士には適用されないと考えられています（解説166頁）。すなわち、先輩の事務所を離脱してしまえば、「共同事務所の所属弁護士」ではなくなりますから、規律の対象外になると考えるわけです。その結果、友人が受任している知財事件の相手方会社の代理人に就任してもよいことになります。

2 反対説　先輩弁護士の事務所在籍時には受任できなかった事件が、離脱しさえすれば受任可に変わるのは一貫しない、依頼者の信頼確保、弁護士の職務の公正確保の観点からすれば、同じ規律に服させるべきである等の理由から、離脱後でも職務基本規程57条の適用があるとの考えも有力です（解説167頁）。

【Check Point】
□共同事務所を離脱した後も旧事務所の受任事件には配慮する。

[髙中正彦]

Q121: 自己の経済的利害に影響する事件依頼

私が賃借している事務所の賃貸会社から、同じビルの中の賃借人に対して、賃料増額の交渉と裁判を依頼したいとの相談を受けました。賃貸会社とは友好な関係を築きたいので、受任しようと思いますが、問題ないでしょうか。

A: 受任すべきではないと考えます。

〔 解 説 〕

1 依頼者の利益と自己の経済的利益が相反する事件 職務基本規程28条4号は、依頼者の利益と弁護士の経済的利益とが相反する事件の取扱いを禁止していますが、それは、弁護士が自己の経済的な利益を確保しようとするあまり依頼事件の処理に手を抜いたり手心を加えるような行為を禁止するものです。弁護士が依頼者に対する善管注意義務、誠実義務を万全に尽くすことのできない事件の取扱いをさせないとの考えに基づいています。**Case** では、弁護士が賃借している事務所と同じビルにある賃借人に対して賃料増額交渉と裁判をする事件依頼ですが、賃料を増額させればさせるほど弁護士の賃借事務所についても後日の賃料増額請求の資料ないし実績として使用されることとなり、弁護士が頑張れば頑張るほど自分の首を絞める結果になります。したがって、依頼者の利益と自己の経済的利益が相反するものというべきです。

2 依頼者が同意した場合の禁止解除 職務基本規程28条柱書ただし書は、依頼者が同意した場合の禁止解除を規定していますが、それは、弁護士が賃貸会社との間で「法律事務所の賃料は、依頼された賃料増額の交渉・裁判の結果に一切影響されない」とする合意をしたような場合です。しかし、そのような合意があっても、賃料を可能な限り増額させるとする気持ちに何ら影響ないといいきれるでしょうか。

【Check Point】

□依頼者に対する誠実義務を十全に果たせない事件は受任しない。

［髙中正彦］

Q122: 弁護士法25条違反行為の効力

交通事故の加害者から損害賠償事件を受任し、被害者と示談交渉をしていたら、その被害者が抱える離婚事件を依頼されました。相互に何の関係もないので、離婚事件を受任したところ、交通事故の加害者から異議が出ました。どうすればよいのでしょうか。

A: 異議が出た以上は、離婚事件を辞任する必要があります。

〔 解 説 〕

1 弁護士法25条違反行為の効力　交通事故の加害者から損害賠償事件を受任していた弁護士がその相手方である被害者の離婚事件を受任した行為は、弁護士法25条3号の「受任している事件の相手方の依頼による他の事件」に当たります。この弁護士法25条違反行為の効力については、絶対無効説、追認説、有効説、異議説（相対的無効説）に分かれますが、判例は異議説を採用し、学説でも多数となっています。異議説は、弁護士法25条違反行為は有効であるが、当事者から異議が出れば無効になるとするものです。

2 異議の諸問題　訴訟行為に対する異議については、①法的性質は何か、②異議を出せるのは誰か、③いつまで異議を出せるか、④異議の効果は遡及するか、⑤違反行為の排除方法等の問題があります。①については、民訴法90条の責問権の1つと考えられます。②については、弁護士法25条3号では、当初事件の依頼者のみとされます。③については、違反を知ったら直ちにとするのが多数です。④については、訴訟代理をすることの異議であるから、遡及するというのが有力です。⑤は、**Q123**で述べます。ところが、**Case**は、訴訟外の私法行為についての異議ですから、上記の問題はありません。しかし、異議を無視して弁護士法25条違反行為を続ければ、それは公序良俗違反で無効になると解されますから、直ちに辞任すべきです。

【Check Point】

□弁護士法25条違反の私法行為は、異議により公序良俗違反で無効になる。

[髙中正彦]

◀ コラム ▶ 弁護士法 25 条違反行為に対する異議の拡張

　弁護士法 25 条違反行為の効力については、異議説が判例・通説ですが、近時、この異議の対象範囲に関して 2 つの重要な最高裁判決が出されました。

　1 つは、職務基本規程 57 条に違反することを理由に異議を述べることができるかが問われた事案であって、最判令和 3・4・14 民集 75 巻 4 号 1001 頁は、職務基本規程の違反を理由として異議を述べることはできないとしました。もう 1 つは、弁護士法 25 条 2 号および 4 号の類推適用によって異議を述べることができるかが問われた事案であって、最判令和 4・6・27 判時 2543・2544 号 47 頁は、類推適用によっては異議を述べることはできないとしました。これらによって、異議の対象となるのは、弁護士法 25 条各号の明文に違反する場合に限定されることが明確になりました。

　そうすると、弁護士職務基本規程に違反する場合は、最判令和 3・4・14 が「懲戒に付させるのは別として」と明言しているように、弁護士懲戒で対応せざるを得ないこととなります。これに対し、弁護士法 25 条各号を類推適用すべき場合は、同法 56 条に規定する一般条項たる「品位を失うべき非行」を理由として懲戒請求がなされることになりますから、懲戒委員会による事例判断で処理されることとなります。もちろん、その全てが懲戒処分になるわけではありませんが、最判令和 3・4・14 の指摘にあるように、懲戒請求される頻度は確実に上がるものと予想されます。利益相反行為には、これまで以上に敏感に対応していくことが求められると考えます。　　　　　　　　　　　　　　　　　　　　　　　　　　　［髙中正彦］

Q123: 弁護士法 25 条違反行為の排除方法

離婚訴訟の夫側弁護士が、以前にその妻からの法律相談に応じていたことが判明しました。妻の代理人弁護士として、弁護士法 25 条 1 号違反の異議を述べましたが、裁判所は、この異議に対してどのような決定をするのでしょうか。

A:「本件訴訟における原告訴訟代理人弁護士○○○○の訴訟行為を排除する」という決定をします。

〔 解 説 〕

1 弁護士法 25 条違反行為の排除方法　弁護士法 25 条違反の訴訟行為の効力については、異議説が判例であり学説の多数でもあります（**Q122**）。異議説は、事実審口頭弁論終結時まで相手方の異議によって違反行為を無効とすることができるとしますが、異議が出たときに、裁判所はどのような方法で違反行為を排除するかについては、見解が分かれます。中間判決によるとする考えもありますが、それだと終局判決時まで待つ必要が出てきますので、決定手続によると考えるのが妥当です。その場合の決定の主文の記載方法ですが、「弁護士○○は、本件訴訟につき、原告の訴訟代理をしてはならない」とする例もあります。しかし、訴訟行為を排除する趣旨を明確にするためには「本件訴訟における原告訴訟代理人弁護士○○の訴訟行為を排除する」という主文が適切です。

2 排除決定に対する不服申立て　排除決定をどのように争えるかが問題です。まず、当該弁護士に委任していた当事者が不服申立てをすることができるのは当然です。不服申立方法は、民訴法 25 条 5 項を類推適用して即時抗告によると解されます。これに対し、排除対象となった当該弁護士は、当事者を代理しているに過ぎず、排除決定に対して固有の利害関係を有しませんから、即時抗告をすることはできません。

【Check Point】

□異議が出たときは裁判所は排除の決定をする。　　　　　　　〔髙中正彦〕

Q124: 事件処理経過の報告の省略

　遺産分割調停事件の依頼者から、「調停の進行はすべてお任せします」と言われていたため、調停手続の経過は全く報告せずに相手方との協議を進め、調停が成立しました。調停成立直前には、調停条項案の概要を依頼者に送付し、調停が成立する見込みである旨は伝えていますが、このような処理に問題はあるのでしょうか。

A: 事件処理の経過の報告および調停条項案の説明が不十分です。

〔 解 説 〕

1 事件の経過等の報告　弁護士は、依頼者から求められたときはいつでも委任事務処理の状況を報告する義務があります（民645条）。これは、適切な自己決定の機会を依頼者に保障するためであり（職務基本規程22条参照）、依頼者から報告を求められたら弁護士がこれを拒むことはできないと考えられます（解説118頁）。事件処理経過の報告義務は、弁護士の基本的な義務であり、職務基本規程36条も、必要に応じ、事件の経過と事件の帰趨に影響を及ぼす事項を報告することを規定しています。

2 求められる報告の程度　依頼者から「すべてお任せします」と言われていても、依頼者の意向に反する委任事務処理が許されるものではありませんので、事件に関する重要な事項を依頼者に報告し、協議をする必要があると考えられます。なお、依頼者に報告をする際には、依頼者が自ら意思決定するのに足りる説明もしなければなりません。単に事務処理の経過や事実関係を報告するだけでは、依頼者に対する説明義務を果たしたことにはならず、依頼者が状況を正しく理解できるように必要な解説を加えることなどが求められます。**Case** では、調停成立直前に調停条項案の概要を依頼者に送り、事件が終了する見込みであると伝えているにとどまっており、報告や説明の程度として十分とはいえないと考えられます。

【Check Point】

□依頼者が自ら判断をするために必要十分な報告と説明を行う義務がある。

［安藤知史］

Q125: 法的助言の要否

1審で敗訴判決を受けたことから、依頼者が私に大きな不満を持ち、遂には私を強く非難するようになりましたので、控訴審は受任しないことにしました。依頼者には、「訴訟記録はそのまま渡しますから、あとのことは自分で処理してください」と伝えましたが、控訴期間や仮執行宣言に基づく執行の可能性などは説明していません。問題があるでしょうか。

A: 控訴期間等に関する助言を付して判決内容の説明をする必要があります。

〔 解 説 〕

1 事件終了時における規律　職務基本規程 44 条は、委任の終了にあたり、弁護士は「事件処理の状況又はその結果に関し、必要に応じ法的助言を付して、依頼者に説明しなければならない」と規定しています。すなわち、弁護士には、単に事件処理の結果（たとえば判決の内容）を説明するだけではなく、必要に応じた法的助言を付することが求められていることに留意する必要があります。

2 説明すべき内容　Case のように1審で敗訴判決を受けた依頼者にとっては、控訴期間の満了日、仮執行宣言に基づく執行のリスクなどは極めて重要な事項ですが、判決書を見ただけでは理解することが困難です。したがって、弁護士は、これらに関する法的助言を付して判決内容を説明する必要があると考えられます。

　弁護士と依頼者との信頼関係が失われた中で、依頼者のために法的助言をするのは容易ではありませんが、そのような場合であっても、弁護士は単に辞任すればよいというものではなく、「事案に応じた適切な措置」をとることが求められています（職務基本規程 43 条）。

【Check Point】

□委任の終了にあたっては、必要な法的助言を付した丁寧な説明が求められる。　　　　　　　　　　　　　　　　　　　　　　　　　　［安藤知史］

ノボル：ある人から、事件の相手方からの懲戒請求は報復や嫌がらせがほと
　　　　んどだからあまり気にする必要はないといわれましたが、そうなん
　　　　ですか。

兄　弁：確かにそう言えるね。懲戒請求の大半は濫訴だといわれているが、
　　　　相手方からの懲戒請求にはその傾向が顕著だそうだ。ただ、最近は、
　　　　相手方に対する配慮を欠いた行為が懲戒処分の対象になっているこ
　　　　とも目立つようになっているね。

ノボル：弁護士は事件の相手方に配慮する必要なんてあるんですか。

姉　弁：そんな感想をもっている弁護士も結構いると思うけれど、その考え
　　　　は危険だと思うわね。『自由と正義』の懲戒処分公告を見ると、依
　　　　頼者の自力救済行為に手を貸したもの、準備書面等で過激な記載を
　　　　したものが目に付くのね。やり過ぎ弁護とか熱心弁護と呼ばれてい
　　　　るけれども、問題は深刻だと思うわよ。

ノボル：私もやりかねないのですが、どんな注意をしたらいいのですか。

兄　弁：マスメディアも影響しているように思うが、「認知的共感」よりも
　　　　「情動的共感」がもてはやされる時代背景があるのではないだろう
　　　　か。あの人はかわいそうだ、悪いやつは徹底的にやっつけろという
　　　　情動から依頼者に共感してしまうのだろう。ベテラン弁護士でもや
　　　　り過ぎ弁護の例は結構あるけれども、やはり経験の浅い若い弁護士
　　　　にやり過ぎが多いように感じるね。

ノボル：私も、依頼者の切羽詰まった話や涙ながらの話を聞くとついつい同
　　　　情してしまいます。

姉　弁：依頼者に NO と明言できる職業は、医師と弁護士だと思うのね。患
　　　　者のいいなりの医師がいないのと同じように、依頼者のいいなりの
　　　　弁護士も駄目だと思うわね。

ノボル：難しいことですが、肝に銘じます。

Q126: 司法書士代理人を無視した本人宛連絡

簡裁の事件を受任したところ、相手方の代理人は司法書士だったのですが、訴訟に慣れておらず、訴訟が前に進みません。依頼者がしびれを切らしているので、相手方本人に連絡して構わないでしょうか。

A: （認定）司法書士は法令上の資格を有する代理人ですから、正当な理由なく、当該司法書士の承諾を得ないで直接相手方本人と交渉することは許されません。

〔 解 説 〕

1 相手方本人との直接交渉の禁止の趣旨　職務基本規程 52 条は、相手方に法令上の資格を有する代理人が選任されたときは、正当な理由なく、その代理人の承諾を得ないで直接相手方と交渉をしてはならない旨を規定しています。相手方が代理人を選任した意味を失わせないようにしてその代理人依頼権を保護するとともに、直接交渉が相手方とのその代理人との信頼関係を揺るがせるおそれがあることから、代理人間の信義・公正を確保し、相手方代理人の職務の妨害を防止する趣旨です。法令上の資格を有する代理人とは、事件の内容や金額により、外国法事務弁護士、司法書士、弁理士等一定の範囲で業として代理人となることが法令上認められている者が含まれます。認定司法書士には簡裁代理権がありますから、これに該当します。

2 直接交渉の意義　交渉とは、物事を決めるために話し合うことをいい、それに至らない単なる連絡、書簡や資料の送付は禁止されていません。しかし、一方的な連絡であってもそれが直接交渉の手段として行われるのであれば禁止されると解されており（解説 155 頁）、交渉と連絡の区別が困難であることもかんがみると、**Case** のような連絡は職務基本規程 52 条の禁止するところというべきです。

【Check Point】

□相手方代理人が弁護士でなくても、直接交渉が禁止されることがある。

[加戸茂樹]

◀ コラム ▶ 直接交渉の禁止

　直接交渉の禁止は弁護士の古典的な倫理とされ、諸外国にも同様の例があるとされています。相手方本人の代理人依頼権を侵害することがないようにし、また、相手方代理人の職務の妨害となるおそれを防止する趣旨です。これを依頼者の側からみると、紛争当事者には代理人に依頼する権利があることになります。現にフランスの弁護士会の規則には、「各人は弁護士により助言を受け、防御される権利を有する」との規定があるだけではなく、弁護士が就いていない相手方と交渉等する場合には弁護士を就ける権利があることを告げなくてはならないとされています（欧州人権条約6条（公正な裁判を受ける権利）に基づくものとされています）。しかし、わが国では弁護士依頼権は実質が伴っていないと思います。典型的なのは、刑事事件の弁護人依頼権で、弁護人が就いていても取調べに同席することは許されていません。弁護人の頭越しに取り調べられてしまいます。民事上も、法律扶助制度が十分とはいえず、弁護士に依頼したくてもできないことがあります。行政庁が相手方の事件では、税務当局が典型ですが、通知税理士ではないことを理由に代理人弁護士の介入を認めないことがあります。税務申告手続の代理ならまだしも、債務整理の介入通知を送付しても本人に直接督促するのを中止しません。

　紛争当事者が資格を有する代理人・弁護人に依頼する権利は民事上も基本的人権の1つであると確立されることが必要ですし、個人的には、実定法上の手当として、弁護士法にその旨の明文規定が設けられてもよいと思います。そして、私たちは、相手方本人と直接交渉することが人権侵害となりうるのだということを自覚すべきだと思います。他方で、相手方代理人が交渉・連絡をするのに支障が生じるような対応もすべきではありません（**Q140** 参照）。

[加戸茂樹]

Q127: 弁理士からの警告書への回答

依頼者宛に特許権侵害を理由とする警告書が届きましたが、発信人が代理人弁理士名義になっていました。弁護士ではないので、回答書は相手方本人宛に出すべきでしょうか。

A: 弁理士には委任を受けて裁判外の行為をする権限がないと考えられますから、相手方本人に回答書を送付して差し支えありません。ただ、反対の考えもありますから、当該弁理士宛に出しても間違いではありません。

〔 解 説 〕

1 法令上の資格を有する代理人の意義 職務基本規程 52 条は、相手方に「法令上の資格を有する代理人」が選任されたときは、正当な理由なく、その代理人の承諾を得ないで直接相手方と交渉をしてはならない旨を規定しています。弁理士は、弁理士法 6 条の 2 第 1 項により、特許、実用新案、意匠、商標もしくは回路配置に関する権利の侵害または特定不正競争による営業上の利益の侵害に係る訴訟（特定侵害訴訟）について、特定侵害訴訟代理業務試験に合格し、かつ、弁理士名簿にその旨の付記を受けたときは（付記弁理士と呼びます）、弁護士が同一の依頼者から受任中の事件に限り、その訴訟代理人となることができます。しかし、弁理士法は、裁判外の交渉に関する代理権については何の定めも置いていませんから、裁判外の警告書の送付について法令上の資格があるとはいえないこととなります。

2 弁理士会の解釈 ところが、日本弁理士会では、弁理士法 4 条に規定する「相談」の一環として、弁理士には裁判外で警告書等を発信する権限を有するとの解釈をしているようです。その解釈にはにわかに賛同できませんが、弁理士の権限外であることが明白ともいえない状況ですから、警告書への回答を当該弁理士宛にしても特に問題とはいえないと考えます。

【Check Point】

□隣接士業については、法令上の資格の有無と権限の範囲に注意する。

［加戸茂樹］

Q128: 訴訟終結後の相手方本人への請求

　原告代理人として貸金請求訴訟を遂行して勝訴し、被告の控訴もなく確定しました。強制執行する前に被告に対して任意の支払いを求めようと思いますが、訴訟代理の委任関係は訴訟の終結によって終了していますから、被告本人宛に請求書面を送付してよいのでしょうか。

A: 被告代理人であった弁護士に対し相手方との委任契約関係が終了しているかどうかを確認すべきです。

〔 解 説 〕

1 訴訟代理権の消滅と委任契約関係の終了　職務基本規程52条は、相手方に弁護士の代理人が選任されたときは、正当な理由なく、その代理人の承諾を得ないで直接相手方と交渉をしてはならない旨を規定していますが、相手方代理人の代理権が消滅していれば、この禁止は及びません。訴訟の終結（判決確定）によって被告訴訟代理人の訴訟代理権は消滅しますが、そうだからといって、元訴訟代理人の弁護士と相手方間には何らの法律関係も存在しないと即断することはできません。

2 訴訟委任契約終了後の法律関係　一般的に、判決の確定による訴訟の終結の場合、当該訴訟代理人と相手方とが何らの法律関係にも立たなくなることはまれであって、判決による強制執行、判決主文にある給付条項への対応等について、引き続き相談しているのが普通です。むしろ、実務上は、判決確定後も引き続き訴訟外の対応に関する代理権限を有していると認められることが多いというべきでしょう。したがって、判決主文の給付命令に基づいて任意の支払請求をするのであれば、判決確定後相当の期間が経過しているならともかく、被告代理人であった弁護士にまず代理権があるかどうかを確認し、何の代理権も持たないとの回答を待って、相手方本人に直接請求をするべきでしょう。

【Check Point】
□訴訟代理権が消滅しても、すべての代理権がなくなったわけではない。

〔加戸茂樹〕

Q129: 契約解除通知の本人発送

賃貸マンションの賃借人の代理人弁護士との間で賃料増額の交渉をしていましたが、その賃借人が近隣への迷惑行為を重ねたため、賃貸借契約解除の内容証明郵便を賃借人本人宛に送付しました。すると、賃借人の代理人弁護士から、自分を飛び越えて直接交渉したと怒鳴り込まれました。私の対応は間違っていたのでしょうか。

A: 間違ってはいませんが、今少し配慮が望ましいところです。

[解 説]

1 相手方本人への直接交渉禁止の範囲 職務基本規程52条が禁止する相手方本人への直接交渉とは、あくまで話し合いを予定する交渉であって、契約解除通知のような、一定の法律効果を発生させるために相手方本人に対して行う一方的な意思表示は、交渉に該当しないと解されています（解説155頁）。そもそも賃借人の代理人が、賃貸借契約解除の意思表示の受領代理権を有しているかも不明ですし、仮に受領代理権がなければ、解除の効果が発生せず依頼者に不利益が生じることになりますから、契約解除の通知を本人宛に直接送付したことには問題はないと解されます。

2 配慮の必要性 法的効果を発生させる意思表示は交渉ではないといっても、通知を受けた相手方本人とすれば、いきなり自分宛に通知が届くことに困惑するでしょうし、一方的な連絡でも直接交渉の手段であると評価されることもあるでしょう。相手方代理人としても、頭越しの連絡により、本人の手前立場をなくすこともあります。そうすると、契約解除の通知を送付する前に相手方の元代理人に連絡して解除通知の受領権限の有無を確認すること、解除通知の宛先を相手方本人と弁護士の両名にして、「受領権限が不明なので双方に送付した」旨を付記すること等を検討するのが望ましいでしょう。

【Check Point】

☐法律効果を発生させる通知は交渉に当たらないが、相手方やその代理人に配慮する。　　　　　　　　　　　　　　　　　　　　　　[加戸茂樹]

Q130: 債務整理の受任通知への対応

貸金業を営む依頼者がある債務者から貸金の分割返済を受けていたところ、その債務者に弁護士が選任され、債務整理をする旨の受任通知が届きました。期限の利益は通知しないと喪失させられない約定ですので、その旨の通知をしたいのですが、債務者本人宛にすべきでしょうか、それとも代理人弁護士宛にすべきでしょうか。

A: 代理人弁護士宛に発出すべきものと思われます。

〔 解 説 〕

1 債務整理事件における弁護士選任 期限の利益喪失通知のような一定の法律効果を発生させるため相手方本人に対して行う一方的な通知は、職務基本規程 52 条が禁止する直接「交渉」に該当しませんが、債務整理事案における債権者代理人については、特別な考慮が必要となります。すなわち、貸金業法 21 条は、受任通知がなされた場合に債権者が債務者本人に直接弁済要求をすることを原則として禁止しており、債権管理回収業に関する特別措置法（サービサー法）18 条にも同様の規定があります。したがって、これらの法令の適用のある債権者の代理人はもちろん、そうでなくても、貸金業法等における債務者保護の趣旨からは、債務者本人への直接の連絡は差し控えるべきものと考えられます。法的知識に乏しく、かつ多重債務状態に陥って経済的・精神的苦境にある債務者に対して弁護士が直接に通知をすることは、直接交渉の手段として行っていると受け取られるおそれが大きいと解されるからです。

2 債務者代理人に対する確認 債務整理の委任を受けた代理人弁護士が必ず期限の利益喪失通知の受領権限を有するとは限りませんが、通常はその権限があることが多いと思われます。心配な場合は、意思表示の受領代理権があるかどうかを問い合わせることになります。

【Check Point】

□債務整理事件の債務者本人への通知には特別な考慮を要する。

［加戸茂樹］

Q131: 遺留分侵害額請求通知の送付先

ある相続に関して一部の相続人の代理人をしていますが、時効の関係から、多額の遺贈を受けている1人の相続人に対して遺留分侵害額請求の通知書を至急送る必要があります。その相続人には代理人弁護士が就いていますが、当該弁護士宛に送付すればよいのでしょうか。

A: 相続人本人宛にしても差し支えないと考えられます。

〔 解 説 〕

1 遺留分侵害額請求の通知方法　遺留分侵害額請求の法的効果を発生させるために相手方相続人に対して行う一方的な通知は、職務基本規程52条が禁止する直接「交渉」に該当しません。したがって、当該相続人に代理人弁護士が選任されていたとしても、その相続人本人に対して遺留分侵害額請求の通知書を発出して差し支えありません。

2 代理人弁護士に対する代理権の確認　もっとも、相手方本人に通知を発出するときは、事前に代理人弁護士に通知の受領代理権の有無を確認した方が望ましいでしょう。

3 緊急を要する意思表示の場合　遺留分侵害額請求には期間制限があり（民1048条）、これを徒過すると依頼者は多大な不利益を被りますし、弁護士が弁護過誤の責任を問われる可能性もあります。時効成立間際の場合には代理人弁護士に対して通知の受領代理権を確認する時間的余裕すらないことがあります。そこで、代理人弁護士との無用なトラブルを回避するため、通知の宛先を相続人本人と代理人弁護士両名宛にしたうえで、「受領権限が不明なので双方に送付した」旨を付記すること、本人宛に送付した内容証明郵便のコピーを代理人弁護士にもFAXして直接送付した理由を説明しておくこと、本人名義で通知すること、さらには場合により、以上の方法を併用するなどの方策が考えられます。

【Check Point】

□本人宛通知をしても、相手方代理人への配慮を示す。　　　　［加戸茂樹］

◀ コラム ▶ 意思表示の通知

　Case に記載したように、一定の法律効果を発生させるため相手方本人に対して行う一方的な意思表示は交渉に該当しないとされています。したがって、直接本人宛に送付しても構わないのですが、これに強く反発する弁護士もいます。私自身、以前、（当時の民法による）遺留分減殺請求通知を、Q131 にあるように本人と代理人両名宛てにし、「受領権限不明なので双方に出した」旨を付記して出したのですが、それでも強く抗議されたことがあります。この事件では他の相続人も同じように遺留分減殺請求通知を出す必要があったので、参考までにその代理人弁護士にも経緯を伝えたのですが、その弁護士からは「私は単に相手方本人宛に出すつもりだった」と言われました。人によって考え方は様々だと思いました。個人的には、直接交渉の禁止は弁護士の主観的な立場の保護が趣旨ではないですし、意思表示の受領権限が確実なのかという問題もあると思います。事前の問い合わせで当職宛てに送れと言われても、委任状をもらっているわけでもなければ絶対安心とはいえません。代理権がなくても大概の場合表見代理が成立するでしょうから最終的には大丈夫かもしれませんが、争われるリスクは消えません。したがって、お互い、法律効果を発生させる本人宛の通知がされることにあまり目くじらを立てるのもどうかと思います。ただ、通知の内容は必要最小限にすべきです。契約解除の通知に和解案を記載して譲歩を求めるなどはもはや「一方的な意思表示」ではないのですべきではありません。

[加戸茂樹]

Q132: 依頼者の相手方本人に対する交渉

遺産分割事件の依頼者が相手方の弁護士を通さずに相手方本人に遺産分割の交渉をしたことが判明し、相手方弁護士から強く抗議されました。依頼者には直接交渉をしないように指導しましたが、不満そうな顔をしていたので、それ以上の指導はしませんでした。問題あるでしょうか。

A: 指導を聞き入れなければ、自己防衛の観点から辞任を検討すべきこともあります。

〔 解 説 〕

1 依頼者本件による直接交渉　依頼者が相手方本人と直接交渉しようとしているのを知った弁護士がこれを止めなかったからといって、職務基本規程 52 条に違反することにはなりません。しかし、弁護士は、自らの依頼者に対してそのような直接交渉を慫慂（強く勧めること）すべきでなく、むしろそのような直接交渉を思いとどまるよう進んで依頼者を説得すべきであると解されています（解説 155 頁）。依頼者本人から相手方本人と直接交渉することを聞かされてこれを容認し、その交渉の結果に基づいて合意書面を作成した弁護士について、職務基本規程 52 条に違反しているとはいえないが、同 5 条、70 条、71 条に違反するとした懲戒例があります（解説 155 頁）。

2 説得に応じない依頼者　直接交渉を思いとどまるよう進んで説得したという程度では、指導したことにならないと批判される危険性もあります。依頼者が頑固で弁護士の説得を聞き入れない場合には、職務基本規程 43 条にいう信頼関係の喪失を理由に辞任を検討せざるを得ない旨を告げて説得し、それでも従わないときは実際に辞任することも検討すべきでしょう。

【Check Point】

□直接交渉をしそうな依頼者が説得を聞かないときは、辞任を検討する。

［加戸茂樹］

Q133: 当事者本人どうしのやりとり

妻側の代理人として離婚の交渉をしていますが、以前に合意した夫からの婚姻費用の支払いが毎月数日遅れになっており、夫の代理人弁護士に度々申し入れていますが、全く改善されません。妻は、「子の面接交渉の際に顔を合わせるので、夫に強く文句を言っておきたい」と息巻いています。止めるべきでしょうか。

A: 抗議の範疇に止まるのであればよいのですが、交渉に発展しないように注意すべきです。

〔 解 説 〕

1 依頼者の相手方本人に対する抗議　弁護士は、知らないうちに依頼者が相手方本人と直接交渉をしても、職務基本規程52条違反には問われませんが、直接交渉をしようとしているのを知ったときは、依頼者に対して、そのような直接交渉を思いとどまるよう説得すべきであると解されています。しかし、依頼者が交渉には至らない不平不満を伝え抗議するだけだといったとき、感情を悪化させるから止めるようにとは注意できても、職務基本規程の定めを根拠に思いとどまるように説得すべきであるとまでいえないでしょう。

2 抗議と交渉　たしかに、婚姻費用の金額や支払方法について話し合おうとするのではなく、すでに決まった婚姻費用について、支払期日を遅延したことに抗議するだけであれば、交渉には当たらず、弁護士が受任した離婚事件の範囲外の事柄ともいえます。しかし、当初は抗議だけのつもりであっても、冷静さを失って、遅延した婚姻費用の支払方法、次に遅滞した場合のペナルティ等が話題となることが十分にあり得ます。そうなると、代理人弁護士間の交渉に悪影響を及ぼし、円滑に進まない事態に陥りかねないと思います。したがって、弁護士としては、妻に対して婚姻費用に関する話はしないように指導すべきように思われます。指導を聞かないときは、夫の代理人に一言告げておくことも必要でしょう。

【Check Point】

□直接交渉が依頼者の利益となることは少ない。　　　　　　〔加戸茂樹〕

Q134: 面接交渉のための細かなやりとり

離婚調停で夫側の代理人をしていますが、調停中に月1回と決まった子との面接交渉について、毎月、面接の日時や場所、さらには明日の面接交渉に30分ほど遅れるという連絡まで代理人弁護士間でしています。あまりに煩瑣なので当事者本人どうしで取り決めてほしいのですが、相手方代理人にそのように通知してもよいでしょうか。

A: 可能な限り代理人弁護士で個別の面接交渉に関するルールを作るべきです。

〔 解 説 〕

1 受任外の事項についての本人間のやりとり（当事者本人間での打ち合わせの指示）　弁護士は、依頼者が相手方本人と直接交渉をしようとしているのを知ったときは、直接交渉を思いとどまるよう説得すべきであると解され、ましてや当事者本人に直接交渉するよう指示してはいけないとされています。しかし、それは受任事件の範囲内についてであり、受任の範囲外には当てはまりません。

2 離婚事件と子の面接交渉　**Case** では、子の面接交渉の履行について正式に受任しているかどうかが定かではありません。黙示的に受任したともいえそうですが、事案経緯にもよるでしょうし、弁護士によって見解が分かれることもあると思います。

3 代理人間でのルール作り　子の面接交渉は離婚協議と密接に関わることであり、夫婦の一方が他方との直接の接触を忌避していることも少なくありません。そのような場合に、本人同士にやりとりをさせると離婚協議を混乱させることなりかねません。したがって、可能な限り、代理人弁護士間で面接交渉に関する具体的なルール作りをし、必要最小限のことだけを本人同士でやりとりさせるのが望ましいでしょう。

【Check Point】

□双方代理人で知恵を絞りたい。　　　　　　　　　　　　　　［加戸茂樹］

Q135: 過去の代理人を無視した連絡①

夫の代理人として別居中の妻に離婚協議の申入れをしましたが、妻の代理人弁護士からは、応じられない旨の回答があり、何ら交渉もなく3年が経過しました。この度夫から再度の離婚協議の申入れを依頼されましたが、妻本人宛に申し入れても構わないでしょうか。

A: 本人宛の申入れでもよいようにも思われますが、念のため、委任関係が継続しているかを相手方代理人に確認すべきです。

〔 解 説 〕

1 代理権が消滅した場合の直接交渉　職務基本規程52条は、相手方の代理人が代理権を有している場合の規定ですから、代理人の代理権が消滅していれば、本人宛に直接連絡してもよいことになります。**Case** では、一旦相手方に代理人弁護士が選任され、その後何の交渉もなく3年が経過していますから、委任契約関係が解除されたと推認できるという理解もありえます。しかし、10年音沙汰ないというならともかく3年ですし、辞任通知等代理権消滅の通知が届いていないのであれば、委任契約関係は継続している可能性もあります。

2 相手方の代理人に対する確認　そうすると、念のために、妻の代理人だった弁護士に、委任関係の継続を確認すべきでしょう。妻側の弁護士に「先生はまだ○○氏の委任を受けておられますか」と電話で確認するだけです。それをしないと職務基本規程52条違反とまではいえませんが、無用の紛議が生じることがありえます。

【Check Point】

□相手方代理人の代理権消滅が不明なら直接確認すべきである。

［加戸茂樹］

Q136: 過去の代理人を無視した連絡②

Q135 の事案で、夫が、「離婚協議をせずに直ちに調停を申し立ててほしいが、いきなり調停呼出状が届くと態度を硬化させるかもしれないので、事前に調停を申し立てる旨の書面だけを妻に送ってほしい」といっています。妻本人宛に送ってもよいでしょうか。

A: 相手方代理人に委任契約継続の有無を確認してからにすべきです。

〔解説〕

1 直接交渉の禁止の範囲 職務基本規程 52 条は、相手方本人との直接の「交渉」を禁止するものであって、交渉に至らない事務連絡までは禁止していません。しかし、交渉と事務連絡の区別は実際には困難なことが多く、Case のような、調停を申し立てる、訴訟を提起するなどの予告的な通知は、相手方からすると、そうされたくなければ交渉に応ぜよという趣旨に理解することもあり、交渉に当たりうるでしょう（解説 153 頁参照）。

2 事務連絡と交渉の区分 懲戒事例中に、遺産分割調停の申立代理人が相手方代理人を通さずに調停による話合いに協力を求め、かつ損害賠償の予告を記載した内容証明郵便を送付した行為につき、懲戒処分には至らないものの、その行動を厳しく非難している例があります（解説 153 頁）。相手方本人に対する連絡を拒絶すると、依頼者からはやる気のない弁護士・誠実でない弁護士と思われるのではないかとの思惑から、ついつい依頼者に迎合しがちになります。しかし、相手方本人はもちろん、その代理人も、単なる連絡とは捉えないのが通例だというべきでしょう。夫が真摯に妻との穏便な交渉を願い、そのために呼出状が届く前に一言連絡だけはしたいのだとしても、相手方代理人の受任継続の有無を確認するべきだと考えます。

【Check Point】

□事務連絡書面の本人宛送付といっても、直接交渉に当たることがある。

［加戸茂樹］

Q137: 相手方本人からの面談申し出

遺産分割事件の相手方に代理人弁護士が選任されているのですが、相手方本人から「私の依頼した弁護士がよく動いてくれないので、先生と直接話がしたい」と申し入れられました。応じても構わないでしょうか。

A: 応じてはいけません。

〔 解 説 〕

1 相手方からの申し出による直接交渉　職務基本規程 52 条は、相手方に代理人が選任されている場合に、その代理人の承諾を得ないで弁護士が相手方本人と直接交渉することを禁じています。相手方本人から、代理人を介することなく直接交渉を求められた場合は、職務基本規程 52 条が予定する場面ではないように思われますが、同条は、直接交渉をする弁護士側が決断した場合に限定しているとは解されません。相手方本人が直接交渉を持ちかけてきて、これに応じた場合であっても、職務基本規程 52 条の適用はあると認められます。

2 正当な理由がある場合　Case の場合、代理人を介さないことの不利益を相手方本人が甘受しているから、直接交渉には正当な理由があるとの見解もあり得ます。しかし、相手方本人が自分の不利益を客観的に認識できないことがあるだけでなく、相手方代理人を排除する点で代理人間の信義および公正の精神にもとることになる（職務基本規程 5 条、70 条、71 条）と考えられるので、応ずるべきではありません（解説 155 頁）。

3 利益供与の申し出　なお、Case のような案件では、狡猾な相手方から利益供与の申し出がなされることがままありえます（職務基本規程 53 条）。要注意です。自分の依頼した弁護士を悪くいう人は、決して信用してはいけません。あとで秘密の話合いの内容を暴露され、窮地に陥れられるおそれもあります。

【Check Point】

□相手方本人が直接交渉を求めてきても決して応じてはいけない。

[加戸茂樹]

Q138: 関係者による相手方説得への対応

　遺産分割の調停事件を受任しましたが、依頼者である相続人から「相手方は、親戚の叔父さんのいうことはよくききます。叔父さんに頼んで、当方の遺産分割案を呑むように強力に説得してもらおうと思いますが、いいですか」と質問されました。相手方には弁護士が就いています。どう回答すればよいのでしょうか。

A: 第三者に事件解決を依頼するのは止めるように説得すべきです。

〔 解 説 〕

1 第三者を介した交渉　弁護士は、自分の依頼者が相手方本人と直接交渉をしようとするときは、思いとどまるよう進んで説得すべきであると解されていますが（職務基本規程52条。解説155頁）、依頼者が相手方本人と直接交渉をするのではなく、第三者（叔父）に頼んで説得してもらうという場合はどうでしょうか。交渉するのは弁護士でも依頼者本人でもない第三者ですが、第三者が依頼者のいわば道具になっているような場合、第三者を介することが直接交渉の脱法的な方法となっている場合、それは依頼者本人の直接交渉と同視すべきです。

2 第三者からの積極的な申出　相続事件では、身内で揉めていることを見かねた第三者から、「私から一言言ってやろうか」と提案してくることがあります。しかし、そのような申し出は、一方当事者に味方した口添えの申し出であることがほとんどであり、中立公平な立場からの申し出ではありません。中立公正であれば、口出しはしないはずだからです。したがって、第三者からの申し出があった場合に、「お願いします」といえば、自分の味方になってほしいと受け止めるのが通常ですから、自分の主張を通すために叔父に強力に説得してもらうことを積極的に企図することは、ますます直接交渉の実質を持つものになるというべきです。

【Check Point】

□第三者を介して相手方本人と交渉することも、直接交渉に該当することがある。　　　　　　　　　　　　　　　　　　　　　　　　　　［加戸茂樹］

Q139: 連絡がつかない相手方代理人

　別居中の妻から離婚事件を受任し、夫の代理人弁護士と交渉をしていますが、妻から、「子どもが大けがをして病院に入院し、その費用のことを夫と取り決めたい」といわれ、夫の代理人弁護士に電話で何回も連絡し、FAX 文書も数回送りましたが、丸 2 日経過しても何の回答もありません。夫本人に連絡してよいのでしょうか。

A: 直接交渉が許される正当な理由があると考えてよいでしょう。ただ、代理人弁護士に何回も連絡を試みた証拠は残しておくべきです。

〔 解 説 〕

1 正当な理由による相手方本人への直接交渉　職務基本規程 52 条は、代理人弁護士の頭越しに相手方と直接交渉することを禁止していますが、正当な理由があれば禁止は解除されます。「正当な理由」とは、直接交渉する緊急性・必要性があり、相手方本人にことさら不利益を与えるおそれも少ないと認められる場合をいいます。相手方代理人の事情により長期にわたり連絡が取れない場合、相手方代理人が懲戒処分に相当するような不適切な職務遂行をしている場合、度重なる連絡にもかかわらず相手方代理人が回答せず、それが相手方本人の意思に基づくものでないと考える合理的な事情がある場合等がこれに当たるとされています（解説 155 頁）。

2 直接交渉が許される場合の措置　Case では、緊急性・必要性があると認められますし、相手方代理人への連絡も複数回試みていますので、正当な理由があると解してよいと思われます。しかし、弁護士の中には頭越しの依頼者への直接交渉を強く嫌う人がいますから、後日の懲戒請求を避けるために、当該弁護士に対して試みた連絡を記録し、証拠を残しておくことを忘れないようにすべきです。また、直接交渉をする際には、多額の費用負担について確定的な合意をすること避け、必要最小限の交渉・合意にとどめるべきです。

【Check Point】

□直接交渉の緊急性・必要性を検討し、弁護士への連絡の証拠を残す。

［加戸茂樹］

Q140: 早期の示談成立のための本人交渉

勾留中の被疑者の弁護人をしていますが、示談成立なら不起訴の見込みです。ところが、被害者の代理人弁護士が海外出張のために3週間不在とのことで、帰国を待っていては勾留期限が来て起訴されてしまいます。被害者本人と交渉するのはどうしても駄目でしょうか。

A: 海外にいる被害者代理人に電話やメールで連絡するか、事務所から連絡を取ってもらい、直接交渉の承諾を得るよう努めるべきです。

〔 解 説 〕

1 直接交渉が許される正当な理由　職務基本規程52条は、相手方代理人の承諾か、正当な理由があれば禁止が解除されます。「正当な理由」とは、直接交渉する緊急性・必要性があり、相手方本人にことさら不利益を与えるおそれも少ないと認められる場合をいい、相手方代理人の事情により長期にわたり連絡が取れない場合もこれに当たるとされています（解説155頁）。

2 海外出張による長期不在　Case では、緊急性・必要性が認められると考えられますし、相手方代理人の3週間の不在は、被疑者弁護事件という事件の性格からすると長期の不在といえるでしょう。しかし、携帯電話、電子メール等通信手段が地球レベルで発達した今日で、海外にいるからといって全く連絡がとれないことは極めてまれです。したがって、相手方代理人事務所に事情を話して弁護士の携帯電話番号やメールアドレスを聞き、交渉を試みるべきです。それが無理なら、当該代理人事務所を通じて相手方本人との直接交渉を承諾するように伝言してもらうべきです。ただ、相手方代理人が現在の緊急の状況を認識した上でそれでも示談に消極的な考えを有していることもありますから、そのような場合は示談を断念せざるを得ないこともありえます。なお、長期の海外出張をする弁護士は、留守中の緊急事態に対する備えをしておくべきです。

【Check Point】
□通信手段の発達した現在、長期の海外出張でも連絡は取れる。

［加戸茂樹］

Q141: 相手方本人同席の要求

相手方代理人がその依頼者本人にきちんと交渉状況を伝えているのか疑問があります。「相手方本人が同席しない限り交渉には応じない」と伝えようと思いますが、問題はあるでしょうか。

A: 相手方代理人が依頼者に対する報告義務を怠っていることを前提とする主張であり、相手方代理人が反撃してきたときには、収まりが付かなくなります。証拠のない主張は、慎むべきです。

〔 解 説 〕

1 当事者本人の交渉現場への同席要求 職務基本規程70条は、弁護士は、他の弁護士との関係において相互に名誉と信義を重んずるとしています。相手方が弁護士を選任して交渉を委任しているのに、その弁護士の行う交渉には応じないとし、相手方本人の同席を要求することは、相手方弁護士の名誉を損なうものであり、弁護士間の信義にも反するというべきです。

2 交渉方法の決定 交渉事件を依頼された弁護士は、どのような方法で交渉するか、交渉に依頼者本人を立ち会わせるか等についての裁量権と決定権を有しており、相手方本人またはその代理人弁護士に指図される理由はありません。もちろん、訴訟外の交渉は、交渉に応じるも応じないも自由ですから、当事者間で本人同席を条件とする合意をすることも許されます。しかし、合理的な理由もなく、また証拠もないのに、当事者本人の同席を交渉条件とするのは、不適切です。

3 自己中心の依頼者に対する対応 Case とは違いますが、自分の利益にならない行動を取るものは全て悪と決めつけ、相手方弁護士の行動にもさまざまにクレームを付ける依頼者がいます。こういう依頼者を抱える弁護士は、依頼者に対する報告がついつい疎かになりがちです。しかし、そのような推測が強く働く場合であっても、相手方本人の同席がない限り交渉しないという要求は危険です。

【Check Point】

□相手方の内部事情には口出しできないのが原則である。　　　［加戸茂樹］

Q142: 相手方代理人の辞任要求

債務者（被告）代理人として訴訟上の和解の協議をしていたのですが、原告代理人弁護士があまりに強硬なため債務者本人が態度を硬化し、「原告の弁護士がいなくなれば全額一括弁済する」と言い出しました。そこで、「原告代理人が辞任すればいつでも全額を一括返済する用意がある」と準備書面に記載しようと思いますが、問題でしょうか。

A: 相手方代理人の名誉を損なうものであり、問題があります。

〔 解 説 〕

1 名誉と信用の尊重 弁護士は、他の弁護士等との関係において相互に名誉と信義を重んじるとされ（職務基本規程70条）、かつ、信義に反して他の弁護士等を不利益に陥れてはならないとされています（同71条）。相手方弁護士の主張や要求が強硬だというだけでは非難の対象にもならず、辞任を求めることなどできません。

2 不利益に陥れる行為 Case のような準備書面の記載は、相手方本人に対して依頼した代理人への不信感を生じさせるおそれが相当にあります。たとえ相手方代理人を「不利益に陥れる」という積極的な意図または目的がなかったとしても、結果として「不利益に陥れる」危険性があり、そのことについて予見可能性があれば、職務基本規程71条違反となると解されます。

3 相手方代理人への対応 相手方代理人とどの程度の信頼関係があるかにもよりますが、信頼できる代理人と考えたならば、当該代理人にだけ口頭で、「（弁護士である自分がそう思っているわけではないが）本人がこう言っている」と伝えて、善処を求めるということはあるかもしれません。しかし、そのような「耳打ち」にさえ激昂する代理人もいますから、そうなると、収拾が付かなくなります。慎重に対応すべきです。

【Check Point】

□敵の戦い方に文句は言えないのが原則であり、代理人の辞任を求めることもできない。

[加戸茂樹]

Q143: 事件紹介のささやき

　不動産業者から立退きを求められている老朽アパートの賃借人から、その対応を依頼されました。相手方の不動産業者は、「先生にはあとで美味しい事件をたくさん紹介したいと考えています。その代わりと言っては何ですが、立退料はこのくらいでお願いしますよ」と言ってきました。どう対応すべきでしょうか。

A: はっきりと拒絶すべきです。

〔 解 説 〕

1 汚職行為の禁止　弁護士法 26 条は、受任事件に関し、相手方から利益を受け、またはこれを要求し、もしくは約束する行為を罰則（同 76 条）をもって禁止しています。職務基本規程 53 条も、これを受けて、弁護士は、受任事件に関して、相手方から利益供与もしくは供応を受け、またはこれを要求し、もしくは約束してはならないと規定しています。弁護士の職務執行の公正と誠実性を担保しようとしたものです（解説 156 頁）。

2 利益の供与　「利益」とは、人の需要または欲望を満たす一切の利益をいい（解説 156 頁）、事件を紹介することも利益の供与に該当します。**Case** は、これから事件を紹介するというものですから、利益供与の申入れがあったに止まるわけですが、「そうですか。お願いしますよ」等といって了解をすれば、「約束」が成立しますから、弁護士法 26 条、職務基本規程 53 条違反が成立します。黙示の承諾もあり得ますから、そう言われないためにも、明確に断るべきです。

3 狡猾な相手方　**Case** の不動産業者は、かなり狡猾ですが、このような狡猾な人は、ほかにもたくさんいます。そういう人は、賄賂の申込みを明確に拒絶しておかないと、それを理由にして後々さまざまに強請ってくることがあります。十分な注意が必要です。

【Check Point】

□狡猾な人からの美味しい話には必ず毒がある。　　　　　　　　［加戸茂樹］

Q144: 事件の相手方以外からの利益供与

破産管財人として不動産の任意売却を進めています。購入希望者が2社ありますが、条件はほとんど差がなく、どちらに売却しても問題がない状況です。1社から、「うちで買わせてもらえれば、後日、銀座で一席設けます」と言われました。そこに決めてもよいでしょうか。

A:「そういうお話は受けられません」と断らなければなりませんし、売却先から外すことも検討すべきです。

〔 解 説 〕

1 供応の申出 弁護士法26条および職務基本規程53条は、受任事件に関して、相手方から供応を受け、その約束をすることを禁止しています。「銀座で一席設ける」ことが供応に当たることは明らかですが、破産管財人にとって、不動産の任意売却先が「相手方」といえるかには疑問があります。なぜなら、「相手方」とは、依頼事件の当事者と実質的に利害が対立する者をいうと解されているところ（解説156頁）、任意売却の相手方と破産管財人が利害対立するかは疑問だからです。

2 破産法の収賄罪 他方、破産法273条1項は、破産管財人がその職務に関して賄賂を収受しその約束をしたときは収賄の罪とすると規定しています。不動産の処分は職務ですし、銀座で酒席を設けてもてなすことが賄賂に当たるでしょう。したがって、不動産業者の申し出にうっかりOKの返事をすると、収賄罪が成立しかねません。

3 供応の申出をした不動産業者の処遇 問題は、供応の申し出をした不動産業者を売却先から外してしまうかどうかです。供応の申し出をするような業者ですから、したたかな人達と思ってよく、売却を実現すると次に何を仕掛けてくるか分かりません。売却先から外されて大騒ぎするかもしれませんが、関係を完全に断ち切ってしまうことも検討すべきです。

【Check Point】
□供応の申し出をするような不埒な業者には毅然とした対応をする。

[加戸茂樹]

Q145: 相手方に対する利益供与の申込み

多数の相続人がいる遺産分割調停事件で、1人の相続人が強硬なために調停が成立しません。相続開始から何年も経過していて辟易しているので、依頼者の相続人とも相談し、その強硬な相続人に「調停成立後に私の弁護士報酬から100万円を支払うので、調停案を了解してくれませんか」と頼んでみようと思います。問題あるでしょうか。

A: 絶対にそのような申し入れはしてはいけません。

〔 解説 〕

1 弁護士側からする利益供与　弁護士法26条および職務基本規程53条は、受任事件に関して、相手方から利益供与・供応を受けることや、その要求・約束をすることを禁止していますが、職務基本規程54条は、それらの趣旨を徹底し、弁護士の側から相手方に対して利益供与・供応をすることや、その申込みをすることを禁止しています。したがって、相手方に対して100万円を支払うと持ちかけて調停案への了解を促すことは、利益供与の申込みに該当して許されません。調停成立が依頼者を含めた他の相続人の利益となり、かつ供与する利益が、依頼者自身の出捐によるものではないとしても、許されません。Caseでは、弁護士が身銭を切るのですから、依頼者や他の相続人から感謝されるかもしれませんが、このようなことを許せば職務執行の公正や弁護士に対する信頼が損なわれるからです。

2 依頼者からの独立　Caseのような弁護士は、依頼された事件を我がことのように考え、依頼者に同化してしまったといえます。依頼者のためになんとかしてあげたいという意識が過剰になると、よい仕事はできません。職務基本規程2条が、弁護士は職務の自由と独立を重んずるとし、20条が、弁護士は事件の処理にあたり自由かつ独立の立場を保持するように努めると規定しているのは、依頼者と一心同体になってしまうことの危険性を戒める規定です。

【Check Point】

□依頼者のためなら何でもすると考えてはいけない。　　　　　　［加戸茂樹］

Q146: 相手方を非難する表現

交通事故事件を受任していますが、相手方本人の対応があまりに不誠実だったので、「このような重大事故を起こしておいて何ら反省がなく、まさに厚顔無恥の野獣のごとき所業というほかない」と準備書面に書いてしまいました。言い過ぎたか気になっています。

A: 行きすぎた表現に当たります。

〔 解 説 〕

1 品位の保持　職務基本規程6条は、弁護士は名誉を重んじ、信用を維持するとともに、廉潔を保持し、常に品位を高めるように努める、としています（弁2条参照）。同条は努力規定なので違反したからといって直ちに懲戒の対象となりませんが、違反の程度が高く、「品位を失うべき非行」（弁56条）と認められれば懲戒の対象となるとされています（解説18頁）。

2 過激表現　相手方を非難するあまり品位を損なう表現をすることは、その内容によっては懲戒の対象となり得ます。なお、民事裁判例では、当事者の訴訟活動中に、相手方等の名誉等を損なうものがあったとしても、それが直ちに名誉毀損として不法行為を構成するものではなく、当該訴訟における争点の判断のために必要であり、表現方法も不当とは認められない場合には、違法性が阻却されるものとされています。

　Case において、「このような重大な事故を起こしておいて何ら反省がなく」は（相手方の不誠実性の程度によっては）問題がないかもしれませんが、「まさに厚顔無恥」は言い過ぎの感があり、「野獣のごとき所業」は明らかに言い過ぎでしょう。そこまで表現する必要性があるとはいえず、粗野で誇張に過ぎる措辞だからです。少し筆が滑ったという程度ならともかく、同様の表現を執拗に用いたり、不当性を指摘されても訂正しない等の経緯があると、懲戒の対象ともなり得ると思われます。

【Check Point】

□相手がひどいときでも、反論は冷静に行う。　　　　　　［加戸茂樹］

Q147: 依頼者が書いた過激な準備書面

　離婚事件の妻側代理人を務めていますが、夫側の準備書面の記載が
ウソばかりだといって、嘘つき、詐欺師、最低の人間等と書いてほし
いといいます。やめた方がよいといっても聞かないので、「準備書面
は本人の名前でも出せますから、思いの丈を書いて持ってきてくださ
い。私から裁判所に出しておきます」という方法をとったことがあり
ます。問題ないでしょうか。

A: 問題があります。

〔 解 説 〕

1 本人名義の主張書面と弁護士の関与　**Q146** で触れた弁護士法 2 条およ
び 56 条ならびに職務基本規程 6 条は、弁護士を対象とした規定であり、
依頼者本人には適用がありません。しかし、本人名義の準備書面とはいえ、
その記載が不当なものであるときは、その作成に関与し、代理人として訴
訟で陳述をしたとなると、経緯や関与の程度によっては、弁護士が本人の
不当な行為に加功したと評価されることもあり得ると思われます。

2 品位保持　職務基本規程 5 条（信義誠実）、同 6 条（名誉と信用）、同 21
条（正当な利益の実現）等にかんがみれば、依頼者本人が行う不当な行為
だからといって座視してもよいわけではなく、また、弁護士は依頼者が違
法な行為に及ぶことのないよう、説得等により避止させる義務を負うこと
もあるとされています（解説 16 頁）。

　そもそも、**Case** の妻のいうような表現を用いたからといって訴訟上何
らの効果もないのですから、いくら本人名義の書面とはいえ、提出を思い
とどまるよう説得すべきであり、まして積極的にそのような方法を教示す
ることは慎むべきです。

【Check Point】

□本人名義の書面なら何を書いてもよいわけではない。　　　　［加戸茂樹］

Q148: 尋問の結果を弾劾する際の表現

当事者尋問で相手方本人がことさらに事実を誇張して述べるので、最終準備書面にその点を指摘した上で「事実を大きく誇張する性癖があり、法廷での供述も過度にオーバーなものなので、供述全体に全く信用性がない」と記載しようと思います。問題あるでしょうか。

A: 事実を誇張して述べていることについて客観的・具体的でかつ相応な根拠があるかを慎重に検討した上で用いるべきでしょう。

〔 解 説 〕

1 準備書面の記載が違法になる場合 民事裁判例では、訴訟上の表現方法について、当事者の訴訟活動中に相手方等の名誉等を損なうものがあったとしても、それが直ちに名誉毀損として不法行為を構成するものではなく、当該訴訟における争点の判断のために必要であり、かつ表現方法も不当とは認められない場合には、違法性が阻却されるとされています。弁護士倫理上も、このような要件を満たすのであれば、多くは問題とされないと思われます。

2 相手方本人の人格批判 相手方本人の人格を偏頗に強調して非難するのは問題ですが、本人尋問中の供述に事実をことさらに誇張しているものがあることを客観的な事実・証拠と照らし合わせて明示し、そこから合理的な推論と評価をすることによって相手方本人の供述全体の信用性を弾劾するのであれば、訴訟遂行上必要なことであり、表現方法も不当とまでいえないように思われます。

3 対応上の注意点 事実を誇張していると評価することができても、その供述をした側はそう感じていません。些細な食い違い等を根拠に鬼の首でも取ったかのように供述全体の信用性を非難し、しかもそれが当人の人格に起因するかのように断定するのは避けるべきです。近時の懲戒事案には、準備書面等における過激表現、法廷での過激発言等が品位を失うとされる例が目立ちます。

【Check Point】

□客観的な資料に依拠していても、相手方の人格非難は慎重にする。

［加戸茂樹］

Q149: 証人の心情を傷つける反対尋問

労災死亡事故訴訟で遺族側代理人を務めていますが、会社側代理人が、当方申請の証人の反対尋問において、死者の悲惨な状況を思い出した証人が落涙の上絶句した際に、「嘘の証言をしたので、良心の呵責に堪えられなくなったのではないですか」と発言しました。余りにひどいので懲戒請求しようと思いますが、どうでしょうか。

A: 証人の心情をいたずらに傷つけるもので好ましくないといえますが、懲戒に値するものかは議論のあるところです。

〔 解 説 〕

1 民事訴訟法廷における礼を失した質問　民事訴訟における当事者（代理人）の訴訟活動中に、相手方等の名誉等を損なうものがあったとしても、それが直ちに名誉毀損として不法行為を構成するものではなく、当該訴訟における争点の判断のために必要であり、表現方法も不当とは認められない場合には、違法性が阻却されるとするのが判例です。弁護士倫理として考える場合も、以上の要件を満たすのであれば、多くは懲戒処分には至らないと思われます。

2 類似の懲戒処分の検討　証人が涙ぐんで証言が途絶えた際に、「嘘に耐えられなくなったんだ」と不規則発言した弁護士に対し、職務基本規程5条および74条に違反するとして懲戒された例があります。しかし、この懲戒処分例では、反対尋問における発言ではなく、他の代理人が反対尋問をしている際に、代理人席から大声で発言したというもので、**Case** のような落涙・絶句の理由を問う訴訟行為としての「質問」ではありません。また、発言後の態度等も踏まえて懲戒処分がなされています。**Case** では、民事訴訟法上許される証言の信用性に対する弾劾といえますから、争点の判断に必要性があるといえ、直ちに懲戒の対象となるといえるかはなお議論の余地があると思われます。ただ、証言の経過にもよるかもしれませんが、証人に対する礼を失した質問であるといえるでしょう。

【**Check Point**】

□法廷ではエキサイトしやすくなるが、礼を失してはならない。

［加戸茂樹］

Q150: 相手方への説得における表現

不貞行為を働いた夫の代理人として、妻本人と離婚交渉をしています。離婚に応じない妻に対して、「私が言うのも何ですけど、たいして良い旦那さんじゃないですね。この辺で離婚して第二の人生を歩んだ方がよいと思いますよ」と言ったところ、妻から「自分の夫のことを侮辱された」として懲戒請求をされました。私の発言は問題になるのでしょうか。

A: 発言の妥当性については議論のあるところでしょうが、懲戒に値するとまではいえないように解されます。

〔 解 説 〕

1 依頼者からの独立性 弁護士は依頼者からの自由・独立を求められますが（職務基本規程2条、20条）、そのような交渉態度が依頼者の言いなりになっていない印象を相手方に与え、スムーズな交渉と成果の獲得に繋がっている面があります。依頼者本人のいうことをそのまま伝えるだけでは交渉が進みませんが、依頼者を客観視した公平な第三者的立場からの態度で交渉すると、円滑な合意に達することがままあります。もっとも、それが過ぎると依頼者からは誠実義務違反だと強く非難され、果ては解任ということになります。**Case** の妻とすれば、夫への愛情を失っておらず婚姻の継続を願っているのですから、敵対する夫の弁護士の発言とはいえ許せないことになるのでしょう。

2 相手方本人の説得上の注意 交渉過程で、自己の望む結論が相手方にもよい結果となることを告げることは許されるでしょうし、実際に不貞行為を働いた夫であればそのような評価を相手方に伝えることも理解できなくもありません。夫の親族・知人が同じ表現で妻を説得する場面はあるでしょうし、倫理規制のある弁護士も同じとはいえませんが、なお品位を失うとまではいえないと思われます。しかし、相手方に対しては、決して油断してはいけないとはいえます。

【Check Point】

☐相手方本人との直接交渉では言葉を選ばなければならない。

［加戸茂樹］

Q151: 陳述書の過激表現

　相手方本人の陳述書が提出されましたが、依頼者に対する誹謗中傷だけでなく、代理人弁護士に対する激烈な誹謗が連ねてあります。いくら本人名義の陳述書とはいえ、その体裁から見て、相手方代理人が原案を作成していることは明らかですから、懲戒請求できませんか。

A: 本人名義であっても不法行為が成立する表現であれば、その作成と提出に関与した弁護士も懲戒の対象となり得ます。

〔 解 説 〕

1 本人名義の陳述書における過激表現　民事裁判では弁護士が原案を起案した上で本人の署名押印をもらう陳述書が提出されますが、本人名義ですから、代理人としては本来は本人が述べたとおりに原案を作成すべきものです。しかし、弁護士は依頼者の違法行為を助長してはならず（職務基本規程14条）、依頼者から自由かつ独立の立場を保持して（同20条）、依頼者の正当な利益の実現に努力すべきものですから（同21条）、明らかに違法性のある記述・表現を求めたのであれば、これを制止すべきです。当事者本人の訴訟上の行為が不法行為になることはあり得ますから、それに弁護士が加功すれば弁護士の行為も違法性を帯びることになります。したがって、本人名義の陳述書に不法行為が成立するような誹謗中傷が記載されていれば、その作成と提出に関与した弁護士の行為が非行と判断されることがあり得ます。

2 過激な陳述書を提出した弁護士の立場　過激な記述に固執する本人を説得しても頑として応じない場合、裁判所に陳述書を提出しないわけにもいきません。そうなると弁護士としては自己防衛上採りうる途は辞任しかないでしょう。しかし、現実には辞任は難しく、渋々過激な陳述書を提出せざるを得ない場面に追い込まれていることもあります。したがって、懲戒請求するには、弁護士の関与がどの程度かなどを慎重に検討すべきものと思われます。

【Check Point】

□過激な陳述書の作成と提出に関与した弁護士には責任が生じうる。

［加戸茂樹］

Q152: センシティブな書面の送付先

妻の不倫相手に対する慰謝料請求事件を受任し、受任通知を送付しようと思いますが、相手の男性も既婚者ですから、その自宅に送るのは気が引けます。先輩弁護士から、男性の勤務先に簡易書留扱いで「親展」として送付すべきだと教わりました。よいやり方だと思うのですが、問題あるでしょうか。

A: 相手方のプライバシーへの配慮が足りないとされる可能性が高いといえます。自宅に送って差し支えないと考えます。

〔 解 説 〕

1 相手方のプライバシーへの配慮の必要性　確かに、その男性の自宅宛に送ってその妻の目に触れた場合、不倫が事実誤認であったならば、それはそれで懲戒請求されかねません。しかし、だからといって、勤務先に送付することは、事件の内容が勤務先に知られる可能性があります。「親展」としたからといって勤務先で必ずその男性のみが開封するとは限りません。また、男性のみが開封するとしても、差出人が弁護士名であれば、男性が事件当事者であると勤務先に推測されるおそれがあります。

2 懲戒事例と配慮の方法　実際、相手方の住所等の調査を行わず、また、依頼者が主張するような法律上の義務が相手方にないことを承知していたにもかかわらず、相手方の勤務先に対して、相手方の氏名や法律事務所名等が記載され、親展のゴム印が押された封筒に入れた通知書を送付した行為を懲戒に値するとした先例もあります。この先例と **Case** とは事案が同じではありませんが、相手方個人に対する通知は、訴状送達先がそうであるように自宅住所宛に送るのが原則だと思われます。ただ、冒頭に述べたような危惧がありますので、依頼者主張の真実性を相当程度吟味した上で、相手方にはまず電話連絡を試みる、最初の通知にはあまり詳しいことは記載しない、封筒に「弁護士」と記載しないなど事案に応じた配慮を検討すべきではありましょう。

【Check Point】

□相手方にも一定の配慮が必要である。　　　　　　　　　　　　　　　［加戸茂樹］

Q153: 強制執行の予告

　不貞行為による損害賠償請求事件で認容判決が確定したのに相手方が全く支払ってきません。「お支払いいただけないのであれば、あなたの勤務先に対する給与債権を差し押さえます。その場合、職場内不倫の事実が勤務先に知られてあなたは職を失うおそれがあります」と記載しようと思います。問題あるでしょうか。

A: 前段は構いませんが、「その場合」以下の後段は問題があります。

〔 解 説 〕

1 強制執行の予告通知の記載内容　給付判決をもとに強制執行をしようとする際、事前に任意の支払いを求める催告をすることは弁護士にとって日常的なことです。具体的な執行方法（勤務先に対する給与差押え）を告知することも問題ないと解されます。問題は、債務名義の判決の内容である不倫の事実が勤務先に知られるという虚偽の事実を告知していることにあります。債権差押命令の差押債権目録には損害賠償債権であることが記載されるだけであって、職場内不倫の事実が記載されることはありません。したがって、この記載は、虚偽の事実を申し向けて相手方に支払いを求めたということになり、品位を失うべき非行とされる可能性が高いといえます。また、失職の可能性にまで言及するのは脅迫的表現であり、この点も大いに問題です。

2 相手方に対する配慮　弁護士は、依頼者に対して誠実義務を負い、依頼者のために最善を尽くすべきことが喧伝されているためか、あるいは依頼者を引き付けておきたいという意識が強すぎるためか、相手方への配慮に欠けた行為がかなり懲戒の対象になっています。依頼者は自己への忠実な執務を求めてくるかもしれませんが、それに迎合してしまってはいけません。自分の依頼者が同じことをされたらどう感じるか、立ち止まって考えたいものです。

【Check Point】
□義務に違反している人であっても一定の配慮をする必要がある。

［加戸茂樹］

Q154: 催告書の表現

貸付先がかなりしたたかなので、貸付金返済の催告書面に「ヤクザや取立屋を使うことはしませんが、法的に認められるあらゆる手段を尽くして必ずや全額を取り立てます」と記載しようと思います。問題でしょうか。

A: 問題があります。

〔 解 説 〕

1 相手方への配慮　弁護士は、職務基本規程5条により、真実を尊重し、信義に従った、誠実かつ公正な職務執行をするものとされ、また、同6条により名誉の尊重・信用の維持、廉潔・品位保持が求められています。したがって、職務執行に際し、相手方に対して違法行為をするかのような言及をすることは許されません。

2「違法行為をしない」という意味　Case では、違法行為をしないといっているものの、わざわざそのような手段に言及する必要は全くなく、それに言及することは、事情を知らない者や法的事情に疎い者にとっては、そのような手段を採られるのではないかとおそれを抱くことにも繋がりかねません。結果として脅迫的な行為により債権回収を図ろうとしているも同然であり問題があります。

同じ「違法行為をしない」というのでも、例えば、「法的手段を採る」と告げたところ、「脅すのか？」と相手方に言われ、「ヤクザを使うなどと言っているわけではないのだから、脅すことにはならない」と反論するような場合ならともかく、Case では、自ら進んで違法手段に言及しているのですから、問題があります。

3 相手方がどう思うかを考える　弁護士からすれば、自分はアウトローな人間じゃないからこう言っても大丈夫と思うのでしょうけど、相手は、ヤクザこそ登場しないかもしれないが、ヤクザみたいな酷いことをされると思うかもしれないのです。

【Check Point】

□違法行為はしないのが当然で、殊更しないというのはおかしい。

[加戸茂樹]

ノボル：うちの事務所はボス、私、兄弁、姉弁の４人の共同事務所ですが、弁護士の二大倫理といわれている守秘義務と利益相反については、事務所全体として検討しなければならないといわれました。そうすると私も関係するんですか。

兄 弁：もちろんだ。弁護士１人の事務所では守秘義務をどう守るか、利益相反をどう発見するかは、その弁護士１人で考えれば足りるが、共同事務所では全体で考えなければならないんだよ。

ノボル：私の国選弁護事件の被告人の秘密は、兄弁や姉弁も外に漏らしてはいけないんですか。

姉 弁：そういうことね。君の個人事件も私たちの事件と利益相反とならないかチェックするため、情報共有する必要があるわけ。だから、あなたがどのような事件を受任しているのかをまず把握しておくことが大切なのよ。

ノボル：そうなんですか。私は、ボスから指示された事件を処理し、あとは自治体の法律相談に行くくらいですが。

兄 弁：その自治体の法律相談も落とし穴の１つなんだよ。たとえば、自治体の無料法律相談で匿名のある女性から離婚の相談を受けたとしよう。法律相談だから、今後の法的手段を教示したり、解決の見通しなども話すと思うが、そうすると、同じ事務所の弁護士全部がその妻の相手方である夫から離婚事件を受任できなくなる。もし受任したことが妻に発覚し、妻が激怒したら、懲戒請求を受ける可能性だってある。

ノボル：怖い話ですね。弁護士法人も同じなんですか。

姉 弁：ほぼ同じね。

ノボル：どのようにしたらいいんですか。

兄 弁：新しい事件を受任しようとする際には利益相反をチェックするから、漏らさずに報告してほしいね。それと私たちの事件についても守秘義務があることを忘れないように。

ノボル：ボスや先輩に迷惑をかけないように注意します。

Q155: 勤務弁護士による利益相反

事務所の勤務弁護士が自治体の法律相談においてある女性からの離婚の相談に回答しましたが、その夫が離婚調停を起こされたとして代理人を依頼してきました。受任してはいけないのでしょうか。

A: 職務基本規程 57 条違反が明白ですから、受任してはいけません。

〔 解 説 〕

1 共同事務所における利益相反の規律　職務基本規程 57 条は、共同事務所の他の弁護士が職務基本規程 27 条に抵触するために職務を行い得ない事件は、他の所属弁護士も職務を行ってはならない旨を規定しています。事務所の勤務弁護士が自治体の法律相談において妻から離婚の法律相談を受けていれば、その勤務弁護士は、職務基本規程 27 条 1 号の「相手方の協議を受けて賛助」したことになります。そうすると、勤務弁護士は、当該離婚事件を夫側から受任することできませんので、同じ事務所に所属する弁護士も、夫側から離婚事件を受任することができなくなるわけです。

2 職務の公正を保ち得る事由　職務基本規程 57 条は、「職務の公正を保ち得る事由」があるときは、職務禁止が解除されるとしていますが、それは、弁護士の職務に対する信頼感を損ねるおそれがなく、弁護士の職務執行の公正さを疑われるおそれもないとされる特段の事情をいうと解されます（解説 169 頁）。**Case** では、その辺の事情が明らかではありませんが、勤務弁護士が法律相談で妻から聞いた事情が他の弁護士に伝わらない保障はなく、妻から見れば、法律相談をした弁護士が所属する同じ事務所の弁護士が夫の代理人として出てくれば、弁護士の職務に対する信頼が損なわれ、夫側弁護士の職務執行の公正さに疑念を抱くことは明らかと考えます。

【Check Point】

□勤務弁護士がどのような法律相談をしたかはしっかり Check する。

[髙中正彦]

Q156: 破産申立てとその債権者の代理人弁護士

10億円の負債の破産申立事件を依頼されましたが、そのうちの1人の債権者が同じ共同事務所の同僚弁護士に依頼して破産申立会社に対する100万円の売掛金請求を進めていました。受任してよいのでしょうか。

A: 異論もありますが、破産申立事件を受任すべきではないでしょう。

〔 解 説 〕

1 職務基本規程57条と28条3号　共同事務所では、利益相反を事務所の構成員全体で検討する必要があります。1人の弁護士がある会社の破産申立てを依頼された場合に、同じ会社を相手方とする売掛金請求手続を進めていたならば、弁護士法25条3号・職務基本規程27条3号の「受任中の事件の相手方の依頼による他の事件」に当たりますから、破産申立事件を受任することはできないことになります。そのうえで、職務基本規程57条は、共同事務所の1人の所属弁護士に職務基本規程27条または28条に違反する事件があったならば、その事件は他の弁護士も受任できないこととして禁止を拡張しています。

2 実質的な利害対立　利益相反は顕在化している必要があるとされていますから（解説94頁）、10億円の負債総額に対する100万円の売掛債権は0.1%のシェアしかなく、無担保だとすれば、単なる破産債権届出事務が予想されるだけなので、利害対立が顕在化していないとの考えもあり得ます。これに対し、破産者の代理人と破産債権者の代理人を同じ法律事務所の弁護士が務めるのは、利害対立の顕在化のおそれが大きく、回避すべきであるとの考えがあり、こちらの方が有力です。

3 同意の取得　職務基本規程57条は、利益相反禁止の解除事由として、「職務の公正を保ち得る事由」があるときを定めていますが、売掛金請求事件の依頼者からの同意徴求は、その1つになり得ます。しかし、同意を取っても、職務の公正上問題があるとする考えもあります。

【Check Point】

□破産申立代理人とその会社の債権者代理人を務めるべきではない。

［髙中正彦］

Q157: Ｍ＆Ａ交渉

Ｍ＆Ａ交渉の依頼を受けました。私の依頼者は、買収側のＡ社ですが、同じ事務所に被買収側のＢ社の子会社の法律顧問をしている弁護士がいました。子会社は、連結決算対象というだけでＢ社の完全子会社ではありません。Ａ社の依頼を受けてよいのでしょうか。

A: 被買収会社と連結決算関係にある子会社の法律顧問をしていれば、買収会社の利害と対立することがあり得ますから、買収会社の委任を受けるのは回避すべきです。

〔 解 説 〕

1 依頼者と相手方の各利益が相反する事件　職務基本規程57条は、共同事務所の所属弁護士が同規程27条または28条に抵触して職務を行い得ない事件は、他の弁護士も当該事件を取り扱ってはならないと規定しています。Ｍ＆Ａは、企業またはその事業の全部または一部の移転を伴う取引をいい、支配権の移転を伴う取引のみを指すこともあります。いずれにせよ、買収側と被買収側との利害は複雑に絡み合い、通例、利害対立する状況にあるといってよいでしょう。そうすると、Ｍ＆Ａ当事者である買収会社と被買収会社は、職務基本規程28条3号にいう「依頼者の利益と他の依頼者の利益が相反する」関係にあり、Ｍ＆Ａの当事者双方を代理することはできず、共同事務所であっても同じ規律に服します。

2 Ｍ＆Ａ対象会社の子会社の地位　買収会社と被買収会社の子会社との関係も同じでしょうか。確かに法人格は別ですが、親会社が子会社の支配権を持つことによって、親会社の利益が子会社を通じて買収会社の利益と対立することがあり得ます。完全子会社ですと親会社と子会社とは一体不可分と考えられますが、連結決算対象の関係でも親会社に支配権があるので、利害関係はほとんど同一とみてよいと考えます。そうすると、被買収会社の子会社の法律顧問をしていることは、職務基本規程28条2号の問題となり、この関係から買収会社の依頼を受けることができなくなります。

【Check Point】

□Ｍ＆Ａの当事者双方の代理はできないが、その子会社でも同じである。

［髙中正彦］

Q158: 利益相反チェック

同期の弁護士5名で経費共同型事務所を開設しましたが、設立の理念として、相互に干渉しないことで合意しています。そのような共同事務所では、利益相反のチェックはどのようにしたらよいのでしょうか。

A: 所内メールなどで取扱い事件の依頼者、相手方、事件名は、相互に開示し合う必要があります。

〔 解 説 〕

1 利益相反チェックの必要性　職務基本規程59条は、共同事務所に所属する弁護士に対し、利益相反事件の受任を防止するため、他の所属弁護士と共同して、取扱い事件の依頼者・相手方・事件名の記録その他の措置をとる努力義務を課しています。努力義務ですから、上述した措置をとらなくとも直ちに懲戒手続に付されることはありませんが、その結果として現実に利益相反行為を行えば、弁護士法や職務基本規程の違反となりますので、利益相反チェックを軽視することはできません。

2 さまざまなチェック方法　利益相反チェック（コンフリクト・チェック＝コンフリチェック）の方法は、事務所の規模、弁護士の構成、受任事件の傾向等によってさまざまです（解説177頁）。数百人規模の事務所では、まず所内メールでチェックし、ヒットすると該当の弁護士間で協議を行い、最終的に独立した判定委員会で結論を出すというトリプルチェックをしています。逆に、弁護士2人前後の経費共同事務所では、弁護士どうしが受任予定事件の概要を披露し合ったり、事務職員にチェックしてもらったりしています。弁護士5人前後ですと、所内メールで受任予定事件を開示し合い、弁護士によってチェックする方式が一般的のようです。

【Check Point】

□相互に干渉しないといっても、受任予定事件のチェックは必須である。

［髙中正彦］

Q159: 勤務弁護士の受任事件チェック

勤務弁護士が数名いますが、個人事件の受任は自由にさせていますので、どのような事件を受任しているかは知りません。また、弁護士会等の法律相談にも積極的に参加させていますが、どのような相談があったかを報告させることもしていません。これでよいのでしょうか。

A: 勤務弁護士の受任事件（法律相談）の内容を全くチェックしないことは、職務基本規程59条の努力義務に抵触しています。

〔 解 説 〕

1 勤務弁護士の位置づけ 勤務弁護士（いわゆるイソ弁）は、雇用弁護士（いわゆるボス弁）の使用人の関係にありますが、共同事務所の構成員ですから、当然職務基本規程7章の適用があります。そうすると、職務基本規程59条は、共同事務所の所属弁護士に対し、利益相反事件の受任を防止するため、他の所属弁護士と共同して、取扱い事件の依頼者・相手方・事件名の記録その他の措置をとるように努める義務を課しています。この義務の対象は、ボス弁だけでなくイソ弁も含まれますが、一般的には、ボス弁がリードすべきでしょう。

2 勤務弁護士の受任事件のチェック 勤務弁護士の個人事件の受任を自由にさせているボス弁はかなりいるようですが、受任事件の依頼者・相手方・事件名は、報告させるようにしなければなりません。また、落とし穴は、勤務弁護士が弁護士会等で行う法律相談にあります。法律相談で相談に応じた人を相手方とする事件をボス弁が受任すると、弁護士法25条1号・職務基本規程27条1号に違反した事件の取扱いに当たり、職務基本規程57条に抵触することになります。勤務弁護士に対しては、個人事件に介入しているわけではなく、利益相反を回避したいだけだと説明すべきです。

【Check Point】

□勤務弁護士の個人事件受任を放置しておくと利益相反に陥る。

［髙中正彦］

Q160: 秘密保持対策

同じ法科大学院出身の2名で経費共同型事務所を開設し、それぞれの受任事件は独自に処理していますが、空調の関係から完全防音の応接室を作ることができません。そのため、他の弁護士と依頼者の会話が筒抜けとなっています。また、1人の弁護士は、事件ファイルの管理がだらしなく、応接室にファイルを放置していることも再三です。このままでよいのでしょうか。

A: 完全防音の応接室への改造も不可能なようですから、漏れてきた当該依頼者の秘密を漏示または利用しない強い心構えをすることが肝要です。他の弁護士の事件記録から知った秘密も同様です。

〔 解 説 〕

1 共同事務所での守秘義務 職務基本規程56条は、共同事務所の所属弁護士につき、他の所属弁護士の依頼者に関する秘密を知ったときにそれを正当な理由なく漏らしたり利用したりすることを禁止しています。このことは共同事務所を運営する以上当然に要求されることです。同じ法科大学院出身の弁護士が集まって経費共同型事務所を運営すると、どうしてもライバル意識が出て、相互不干渉になりがちですが、そのことは他の弁護士の依頼者の秘密を守ることに無関心になることを許すものではありません。

2 秘密保持対策 共同事務所の秘密保持対策としては、他の弁護士の依頼者の秘密に触れる機会を最少化することが一番でしょう。そのため、応接室を完全防音にして秘密が漏れないように物理的に処理してしまうことが効果的です。しかし、空調の関係で完全防音のパーティション設置が不可能であれば、あとは聞こえてきた秘密を漏らさない固い心構えを共有することになります。記録保管にだらしない弁護士については、職務基本規程56条の趣旨を理解してもらうほかありません。

【Check Point】

□共同事務所では他の弁護士の依頼者の秘密も保持する義務がある。

［髙中正彦］

Q161: 情報遮断措置の構築

　共同事務所では、ファイアー・ウォールとかチャイニーズ・ウォールなどと呼ばれる情報遮断措置が構築されていれば、原則的に「職務の公正を保ち得る事由」があり、利益相反の禁止が解除されるといわれますが、そうなのでしょうか。

A: そうとはいえません。

〔 解　説 〕

1 情報遮断措置　情報遮断措置は、ファイアー・ウォール、チャイニーズ・ウォール、エシックス・ウォール、スクリーン等と呼ばれますが、一義的な定義はありません。一般的には、所属弁護士の業務が厳格に分離されていること（事件記録の分別管理・弁護士と事務職との専門セクションの確立・情報通信機器の個別使用・情報システムにおいて情報が共有されない体制の構築等）、職務上の秘密が内部的に開示されず、秘密の共用・漏示を阻止する体制が構築されていること、セクションを異にする弁護士と情報交換を行わないことを誓約していること、情報遮断措置が対外的に明示されていることが必要とされています（解説170頁）。

　ただ、このような情報遮断措置が講じられていることは、共同事務所における利益相反禁止の解除事由たる「職務の公正を保ち得る事由」（職務基本規程57条ただし書）があるとの判断をする際の一要素にとどまります。したがって、情報遮断措置が講じられていれば利益相反禁止が解除されると即断することは誤りということになります。

2 職務の公正を保ち得る事由の判断　職務の公正を保ち得る事由は、一般条項ですから、具体的な事案に即して情報遮断措置の構築を含むさまざまな事情を総合判断して決する必要があります（解説169頁）。

【Check Point】

□情報遮断措置の構築のみで利益相反問題が解消するわけではない。

[髙中正彦]

Q162: 同意書の徴求

弁護士数が 50 名の事務所に勤務弁護士として所属し、パートナー弁護士から、Ｍ＆Ａ案件を中心に事件処理を指示されています。パートナー弁護士からは、利益相反の可能性があったら、すぐに関係する双方から「異議がない旨の同意書」を徴求しておくようにいわれています。それでよいのでしょうか。

A: 異議がない旨の同意書を徴求することが有効な事件は限られており、すべての利益相反案件が同意書をとれば禁止の解除がされるわけではありません。

〔 解 説 〕

1 当事者の同意による禁止解除　共同事務所の利益相反は、職務基本規程 57 条が規定していますが、所属弁護士の 1 人に同規程 27 条または 28 条に抵触する事件があると、当該事件は他の弁護士も職務を行うことができなくなります。職務基本規程 27 条と 28 条には、当事者の同意によって禁止が解除される規定がありますが、27 条 1 号、2 号、4 号、5 号の各事件については、当事者の同意があっても禁止は解除されません。特に 27 条 1 号の「相手方の協議を受けて賛助した事件」は、過去に法律相談をした人や会社を相手方とする事件としてかなり頻繁に登場してきますから、注意が必要です。したがって、「異議がない旨の同意書」さえ取り付けておけば利益相反の問題は完全にクリアされると考えているとすれば、極めて危険ということになります。

2 Ｍ＆Ａ案件の特殊性　Ｍ＆Ａ案件は、買収する側と買収される側双方の会社における多数の紛争案件、契約案件等を調査することが必須ですから、利益相反が発生しやすい素地があります。仲介ではなく、当事者一方の代理人として関与する場合は利益相反の対処について注意が必要です。

【Check Point】

□利益相反に異議がない旨の同意書は万能ではない。　　　　［髙中正彦］

Q163: 利益相反の解消

ある会社から損害賠償請求事件の依頼を受けましたが、同じ事務所に所属する弁護士がその相手方である会社から別の売掛金請求訴訟を受任していることが判明しました。そこで、私の受任した損害賠償請求事件は辞任し、事務所が違う知り合いの若い弁護士に紹介しましたが、準備書面等は私が起案してその若い弁護士に渡しています。問題ありますか。

A: 損害賠償請求事件を辞任してもその後に準備書面等の起案をして関与し続けているのは、利益相反行為に当たります。辞任した以上は、何らの関与もしてはいけません。

〔 解 説 〕

1 共同事務所での利益相反　職務基本規程57条は、他の所属弁護士が職務を行い得ない事件については自らも職務を行ってはならないとし、その1つとして、職務基本規程27条3号の「受任している事件の相手方からの依頼による他の事件」があります。すなわち、他の弁護士がすでに売掛金請求訴訟を受任しているときに、その弁護士が依頼会社を相手方とする損害賠償請求事件の依頼を受けたときは、職務基本規程27条3号によりこれを受任してはならないわけです。**Case** では、損害賠償請求事件を辞任していますが、その態度決定は当然というべきです。

2 辞任後の関与　ところが、損害賠償請求事件を辞任した弁護士は、当該事件を事務所外の知り合いの若い弁護士に紹介したことで終わらず、引き続き当該事件の準備書面等の起案を続けています。職務基本規程27条3号は、辞任さえすれば利益相反の問題が全て解消するとしているわけではなく、実質的な関与を続けている限りは違反となると考えられます。したがって、辞任をした以上は、一切の関与をしてはなりません。

【Check Point】

□利益相反は当該事件を形式的に辞任しただけでは解消しない。

[髙中正彦]

Q164: 共同事務所の分裂

同期の弁護士3名と収入共同型事務所を設けましたが、意見の相違から、事務所を解散することとなりました。それまでの事件はすべて3名が共同して受任していましたが、解散にあたり、事件記録はどのように措置したらよいのでしょうか。

A: 誰か1人が保管することにならざるを得ませんが、すべての依頼者や関係者の秘密およびプライバシーに関する情報が漏れないようにする必要があります。

〔 解 説 〕

1 共同事務所の分裂　弁護士法人の解散に関してはその一部につき弁護士法に定めがありますが、共同事務所の解散に関しては何の定めもありません。したがって、構成員全員で協議して解散の手続を決定していくこととなります。激しい意見の相違が解散原因であるときは、お互いに口も利かない事態になることもありますが、メールや書面の交換でもよいので、解散手続の合意をしなければなりません。

2 事件記録の保管者　共同事務所の弁護士が各自事件を受任していた場合は事件の引継ぎや事件記録の保管は問題となりませんが、共同受任していた場合は、誰が事件を引き継ぐか、事件記録は誰が保管するかを取り決めなければなりません。事件記録の保管に関し、職務基本規程18条は、事件記録の保管または廃棄に際し、秘密およびプライバシーに関する情報が漏れないように注意する義務を規定しています。したがって、共同受任事件の記録の保管者を取り決めず、責任をなすりつけ合って、いい加減に廃棄処理をすると、もとの所属弁護士の全員が職務基本規程18条違反に問われかねません。なお、保管期間に関しては、弁護過誤の民事責任にも配慮する必要があります。

【Check Point】

□共同事務所の解散にあたっては事件記録の保管をきちんと合意する。

[髙中正彦]

Q165: 従たる事務所への常駐

弁護士法人に使用人弁護士として入所しましたが、すぐに遠隔地の従たる事務所の支店長に任命されました。主たる事務所の所長は、「1 か月のうち半分だけ支店にいればよく、あとは本店で仕事をしてもらいたい」といいます。問題ないのでしょうか。

A: 従たる事務所への常駐義務に明白に違反します。

〔 解 説 〕

1 従たる事務所への常駐義務　弁護士法 30 条の 17 は、従たる法律事務所への社員たる弁護士の常駐義務を規定していますが、常駐義務の主体は社員であって、使用人では要件を満たしません。したがって、使用人弁護士を従たる事務所の支店長に任命したのは、明白な弁護士法違反です。なお、日弁連の「弁護士法人規程」15 条 2 項は、常駐する社員は業務執行権を有する者に限定しており、業務執行権のないいわゆる名ばかり社員は、日弁連会規違反となります。

2 常駐の意味　仮に、社員たる弁護士を支店長に就任させた場合、「1 か月の半分だけ支店にいればよい」というのは、常駐義務を満たすのでしょうか。常駐とは、当該事務所における執務が反復継続して行われ、それが常態となっていることを意味しますが、1 か月の半分だけ執務するのは常駐とはいえないでしょう。日弁連は、①当該事務所を業務活動の本拠としていること、②弁護士法人の各事務所の所在時間を比較して当該事務所を中心として執務していると認められること、③当該事務所の業務が当該社員弁護士によって遂行されている体制があること、④当該事務所の業務遂行状況・職員等の勤務状況を把握していること、⑤当該事務所維持費用の管理状況を把握していること、⑥社員弁護士との連絡が当該事務所で容易に取れることを解釈基準としています（平成 13 年理事会決議）。

【Check Point】

□従たる事務所への常駐は、形式的なものであってはならない。

［髙中正彦］

Q166: 50人規模の弁護士法人の従たる事務所

広告を展開している50人規模の弁護士法人に使用人として入所したところ、1か月の基礎研修期間が経過すると社員に昇格し、すぐにある地方都市の従たる事務所の支店長として赴任させられました。従たる事務所の社員弁護士は、業務執行権がなくてはならないとされますが、実態は、単なる事件受付窓口で、ほとんどの法律事務処理は主たる事務所＝本店の弁護士が仕切っています。このようなことで大丈夫でしょうか。

A: 社員弁護士の常駐義務の趣旨にかんがみれば、かなり問題があります。

〔 解 説 〕

1 従たる事務所への常駐義務 弁護士法30条の17は、従たる事務所には社員たる弁護士を常駐させなければならないと規定し、日弁連の弁護士法人規程15条2項は、常駐する社員は業務執行権を有する者でなければならないとしています。弁護士の常駐義務は、従たる事務所における非弁護士の跋扈を防止する趣旨ですが、さらに常駐義務の主体を社員に限定したのは、弁護士法人の運営に責任を負う者を常駐させて遺漏なきを期する趣旨です。

したがって、弁護士登録をして1か月の研修を経た後にすぐに社員に昇格させたのはあまりに短絡的との評価を免れません。

2 従たる事務所の在り方 Case では、従たる事務所は広告を見て来訪した依頼者の事件受付窓口としての機能しかなく、書面作成・相手方との交渉等の法律事務処理は主たる事務所の弁護士が仕切っているとのことですが、それでは弁護士法が社員弁護士の従たる事務所への常駐義務を規定した趣旨を没却することは明らかだと考えます。従たる事務所の常駐弁護士が法的判断を伴う行為が一切できないわけではないのでしょうが、問題であることに変わりありません。

【Check Point】

□従たる事務所の常駐弁護士は法人運営に責任を負う必要がある。

〔髙中正彦〕

ノボル：仕事をしているといろいろな弁護士と対面しますが、ベテランから若手まで特徴のある人が結構いるように感じます。

兄 弁：いまは4万人を大きく超える弁護士数になっているが、ボスからは昔でもそうだったと聞いているね。

ノボル：一番注意するのはどういうことですか。

姉 弁：その弁護士と本気で喧嘩しないようにすることね。弁護士はあくまでも当事者の代理人なんだから、紛争の当事者に成り代わらないようにしないとね。

ノボル：相手方本人に直接交渉をしたということで問題となった友人がいますが。

兄 弁：相手方本人に対する直接交渉は、その代理人の弁護士のプライドを大きく傷つけるみたい。直接交渉をしてしまう方にも切羽詰まった事情があることが多いみたいだけど。

ノボル：裁判所に対する関係ではどのようなことが問題となるのですか。

姉 弁：まずは偽証のそそのかしと虚偽証拠の提出かしらね。証人尋問のリハーサルをするときに「どう答えたらいいんですか」と聞かれることがよくあるんだけど、対応を間違えると偽証をそそのかしたといわれるわよ。また、書証もよく吟味してから提出しないと、虚偽証拠を提出したなどといわれかねないわね。

ノボル：怖いですね。ほかには何がありますか。

兄 弁：裁判の不当な引き延ばしの問題も微妙だね。家賃滞納をしている人が「あと3か月裁判を引き延ばしてくれれば退去できる」といわれたときに裁判でどう対応するかは難しいね。まさかその依頼者に「すぐに出て行かなければ駄目です」とは言えないしね。

ノボル：難しいですね。よく考えます。

Q167: 秘密の暴露と交換条件の申し入れ

　妻から夫の暴力を理由とする離婚事件を依頼されましたが、夫側弁護士は、「ここだけの話ですが、夫には付き合っている女性がいます。ここでその女性の存在を明らかにすると紛糾することが懸念されるので、黙っていてもらえませんか。その代わり、慰謝料は、暴力と不貞とを合わせた倍の金額を支払わせます。そうすれば先生の成功報酬も2倍になりませんか」といいます。どう対応すべきでしょうか。

A: 夫側弁護士の要請と提案は、断固として拒絶するべきです。

〔 解 説 〕

1 相手方弁護士に対する不利益行為　職務基本規程71条は、弁護士は、信義に反して他の弁護士等を不利益に陥れてはならないと規定しています。他の弁護士を不利益に陥れても自己または依頼者の利益を確保しようとする自己本位あるいは身勝手な姿勢を戒める趣旨です（解説202頁）。

　「ここだけの話ですが」という台詞は、弁護士間の交渉でよく聞きますが、弁護士は、紛争解決のためには交渉で話された事柄全部をつぶさに依頼者に報告する必要はありません。しかし、依頼事件の帰趨に関する事項は、依頼者に報告し、その自己決定権を保障しておくことが求められます。職務基本規程22条や36条は、この趣旨に基づきます。

2 「ここだけの話ですが」の意味　「ここだけの話ですが」という言葉は、「先生の依頼者が知っては困るので報告しないでほしい」という意味を持つのが大半です。つまり、依頼者に対する報告義務の不履行の要求であって、弁護士を不利益に陥れています。そして、「ここだけの話」が事件の帰趨を決する重要事項であれば、不利益に陥れる程度はさらに上がります。どちらを選択すべきかといえば、依頼者に対する報告義務履行を選択すべきです。依頼者が得る利益が少なくなるかもしれませんが、後日依頼者に報告義務違反が発覚したときのことを考えれば、結論は見えています。

【Check Point】

□「ここだけの話」は報告義務の不履行を求めるものである。［髙中正彦］

◀ コラム ▶ 弁護士同士の名誉と信用

　職務基本規程70条は「弁護士は、他の弁護士……との関係において相互に名誉と信義を重んじる」と定めています。これは、弁護士が市民の信頼を得るためには名誉と信義を重んじた品格ある職業集団でなければならないとする趣旨です。職務を遂行する中で感情が激して代理人同士がいがみあいたくなるような場面でも、冷静な判断力を失わず紳士的に振る舞うことが求められています。

　ある事件で、遠隔地の被告代理人弁護士が「電車が大幅に遅延していて期日に間に合わない」との理由で欠席した際、原告代理人弁護士が電車の運行情報を確認した上で「当日は、該当する電車の遅延は発生していなかった。被告代理人の説明は虚偽である」との上申書を提出しました。これに対して被告代理人弁護士は「弁護士は相互に名誉と審議を重んじなくてはならないのに相手を疑って電車の遅延情報を調べるとは失礼だ」と反論しました。名誉と信義を重んじるというのは言い分を鵜呑みにするという意味ではありませんし、正当な批判を禁じるものではありませんから、この反論は負け惜しみでしかありません。とはいえ、このような場外乱闘は誉められたものではないので、原告代理人の立場でも必要以上に強い言葉で非難するようなことは避けるべきでしょう。訴訟活動に限らず、ブログやSNS等で相手方代理人の言動を非難することが場合によって違法性を帯びることもあります。真面目に取り組む弁護士ほど、相手方代理人の態度に腹が立つこともあるでしょうけれど、市民の信頼を得るためには個人だけでなく弁護士という職業集団としての品格も必要だ、という視点を忘れないようにしたいものです。

［岸本史子］

Q168: 電話会議による手続終了後の誹謗中傷

　遠方の裁判所での被告訴訟代理人を依頼され、電話会議を希望したところ裁判官と原告代理人も了解したので、その方法で弁論準備が進んでいますが、電話会議終了後の通話が切断されたときに、地元の原告代理人は、日頃訴訟を通じて親しい関係にある裁判官に対して私の書面内容を誹謗中傷しているようです。どう対応すべきでしょうか。

A: 原告代理人の行動は、職務基本規程71条に抵触しますが、推測にとどまるのであれば、抗議は差し控えるべきです。裁判官の対応等から原告代理人の問題行動が強く推測されれば、裁判官に問題点を指摘し、原告代理人には書面等で抗議することになります。

〔 解 説 〕

1 信義に反して弁護士を不利益に陥れる行為　職務基本規程71条は、弁護士は、信義に反して他の弁護士等を不利益に陥れてはならないと規定していますが、これは、他の弁護士を不利益に陥れても自己または依頼者の利益を確保しようとする自己本位あるいは身勝手な姿勢を戒める趣旨です（解説202頁）。**Case**のような、正規の手続が終了した後に、それまでの地元弁護士と裁判官という関係を利用して、相手方代理人が作成した書面を誹謗中傷する行為は、職務基本規程71条に違反するものです。

2 職務基本規程71条違反行為に対する対処　裁判官は、電話会議終了後の通話が切断された空き時間に、相手方弁護士の書面を誹謗中傷したとしても、それを真に受けることはないでしょうし、判決の結論に影響を受けることはあり得ないといってよいと思います。しかし、誹謗中傷された側が判決に影響するのではないかとの危惧を抱くのも無理からぬところです。そこで、推測の域に止まるのであればアクションは差し控えるべきですが、かなりの確度で推認できるのであれば、裁判官に問題行動を指摘し、当該弁護士には書面等で抗議することになるでしょう。

【Check Point】

□相手方弁護士の問題行動は事実を確認して円満解決を図る。［髙中正彦］

Q169: 前任弁護士の解任と委任の勧誘

　ある弁護士が処理をしている特許権侵害訴訟について意見を求められましたが、明らかに特許法の知識が不足していました。「この弁護士は特許法に慣れていません。このままではまずいと思います」といってよいでしょうか。「解任して、ぜひ私に任せてください」といっては駄目でしょうか。

A: 客観的な訴訟遂行行為、たとえば準備書面の記載において特許法の知識不足が明らかであれば、その事実を指摘することは問題ありませんが、「解任して、ぜひ私に任せてください」と自己への委任を強く勧奨する行為は、職務基本規程72条の不当介入に当たります。

〔 解 説 〕

1 他の事件への不当介入　職務基本規程72条は、他の弁護士が受任している事件に不当に介入することを禁止していますが、それは、他の弁護士が行っている訴訟活動に対する客観的な評価をすること、訴訟活動の具体的な問題点を指摘することを禁止するものではありません（解説203頁）。許される介入と許されない介入との区別については、介入の目的と介入の手段の2つの面から介入に合理的理由があるかを検討していくべきです。

2 介入の目的と介入の手段の相当性　介入の目的については、前任の弁護士を排除し、自らへ委任するように誘導する目的かどうかを吟味します。介入の手段については、前任の弁護士の能力や報酬の多寡を根拠なしに批判・非難しているかどうかを吟味します。この観点から検討すると、前任の弁護士に特許法の知識が不足していることは書面の記載から客観的に認めることが可能であり、それを指摘しても介入手段が不当とはいえないと考えられます。これに対し、介入の目的を見ていくと、「解任して、ぜひ私に任せてください」という言葉は、前任弁護士を排除して自分への委任を強く勧奨しており、不当といえると考えます。これを回避する1つの方法は、前任の弁護士をそのままにして追加的に自らに委任するように勧めることでしょう。

【Check Point】
□前任者を排除して自分への委任を強く勧奨してはいけない。［髙中正彦］

Q170: 新任弁護士名での解任通知書の発出

損害賠償請求訴訟の原告から訴訟記録一式が送付され、原告代理人の訴訟対応についてセカンド・オピニオンを求められました。書面を見ますと、原告代理人の法律知識不足は明らかであり、重要な論点を漏らしていました。それを原告に伝えると、「今の弁護士を解任し、先生を新たな代理人に選任したいのですが、先生の名前で解任通知書を出してくれませんか」と頼まれました。出してもよいでしょうか。

A: 自分を代理人に選任するように求めなかったのであれば、弁護士名で先任弁護士を解任する通知書を発出してもよいと考えます。しかし、先任弁護士は、不当な介入によって自分を解任させたと疑うのが通例ですから、弁護士名での解任通知書は控えた方が無難です。

〔 解 説 〕

1 他の事件への不当介入　職務基本規程72条は、他の弁護士の受任事件に不当介入することを禁止していますが、それは、他の弁護士の訴訟活動に対する客観的な評価をすること、訴訟活動の具体的な問題点を指摘することを禁止するものではありません（解説203頁）。依頼者が弁護士に依頼中の事件についてセカンド・オピニオンを求めること自体は、依頼者の権利として認められますから、セカンド・オピニオンを求められたときは、それに応じて差し支えありません。**Case** において、先任弁護士の法律知識不足があること、重要な論点を漏らしていることが客観的に説明できるうえに、先任弁護士の解任と自己のみへの委任を強く勧奨することもなければ、不当介入とはいわれません。

2 解任通知書の発送　先任弁護士を解任することが依頼者の自発的な決断によるのであれば、その後の解任通知書を新任の弁護士名で発出することを差し控える必要はありません。しかし、新任弁護士名での解任通知書を受け取った先任弁護士は、新任弁護士が不当に介入して自分を解任に追い込んだとの疑いを持つことが十分にあり得ると思います。したがって、依頼者から依頼者名義の解任通知書を発出してもらうべきです。

【Check Point】

□新任弁護士名での解任通知は不当介入を疑われる。　　　　　［髙中正彦］

Q171: セカンド・オピニオンの作成方法

ある弁護士が受任して処理をしている著作権訴訟について、事件記録全てのコピーを渡され、「今の弁護士は勝訴できるといっていますが、不安なので、勝訴の可能性についてのセカンド・オピニオンを作成してほしい」と頼まれました。セカンド・オピニオンを作るのは初めてですが、どのような点に注意すればよいのでしょうか。

A: 現在の弁護士の事件処理に対する評価や意見を記載するときには、自己への依頼の不当勧誘、事件の不当な介入等と受け取られないように配慮する必要があります。特に、現在の弁護士の事件処理を批判するときは、必ず客観的な根拠を示すようにすべきです。

〔 解 説 〕

1 セカンド・オピニオンと他の事件への不当介入 職務基本規程72条は、他の弁護士の受任事件への不当介入を禁止していますが、それは、他の弁護士の訴訟活動に対する客観的評価をすること、訴訟活動の具体的な問題点を指摘することを禁止するものではありません（解説203頁）。依頼者が現に弁護士に依頼中の事件に関してセカンド・オピニオンを求めることは、依頼者の権利でもありますから、それを求められたときは応じても問題ありません。弁護士数が増大し、専門化も進んでいることから、複雑高度な事件を中心にセカンド・オピニオンを徴求する例が増えているようです。

2 セカンド・オピニオン作成上の注意点 依頼者から示された客観的事実をもとに法律問題に対する法的意見を述べること以外に現在の弁護士の事件処理に対する意見を記載するときには、不当勧誘、不当介入と受け取られないように配慮する必要があります。特に、事件処理方法を批判するときは、必ず客観的な根拠を示さなければなりません。弁護士は、プライドが高く、自己の法律事務処理が誤っているとか稚拙である等と批判されることに敏感に反応します。また、自分の悪口を言って強引に事件を奪い取ろうとしていると感じるときの反感や反撃は強烈なものがあります。

【Check Point】
□セカンド・オピニオンでは弁護士の高いプライドに配慮する。

［髙中正彦］

Q172: 尋問リハーサルの指導

　証人尋問を行う前に証人予定者と尋問リハーサルをしたところ、証人予定者から「ここはよく覚えていません。どのように証言すればよいのですか」と訊かれました。「そこは、こういうふうに証言してください」といって具体的な証言内容を指示してよいのでしょうか。

A: 証人予定者の証言を誘導する指示をしてはなりません。「あなたの陳述書では、こう書いてありますよ」「対立証人の陳述書にはこう書いてありますが、思い出せませんか」等と指導すべきです。

〔 解 説 〕

1 偽証のそそのかしの禁止　職務基本規程75条は、「弁護士は、偽証若しくは虚偽の陳述をそそのかし……てはならない」と規定していますが、証人尋問のための打ち合わせ（証人テスト）では、偽証のそそのかしにならないように注意が必要です。現実には、弁護士から法廷で行う質問と同じ質問がなされ、証人予定者がそれに答えながら、弁護士が証人予定者の記憶違いや間違った認識を正していくやり方をしていることが多いようですが、問題は、証人予定者から「その点については記憶がないのですが」とか「その点はどのように証言したらよいのですか」という質問が来たときです。「記憶がないようですが、こういうことですよ」「その点はこういうように証言してください」と指導するのは、証人予定者の記憶を強引に弁護士の指示する内容に誘導するものと評価されることがあります。

2 証人予定者に対する指導　偽証のそそのかしの該当性を回避するには、証人予定者に具体的な証言内容を指導せず、「あなたの記憶に基づいて作成した陳述書にはこう書いてありますよ」「対立する証人の陳述書にはこう書いてありますが、思い出せませんか」等と指導すべきです。答えも書いた質問事項書面を示し、質問ごとに弁護士が「こう証言しなさい」としてそれを記憶させる方法は、偽証のそそのかしに当たる確率が高まります。

【Check Point】

□証人テストでは証人予定者に具体的証言内容を誘導しない。［髙中正彦］

Q173: 尋問リハーサルに使用する尋問事項書

被告本人尋問を行う前に尋問リハーサルをすることになりましたが、被告本人が「不安なので、本番と同じようにやってください」といいますので、弁護士が問いと答えを口語体で詳細に記載した書面を用意し、それを被告本人に渡し、私の質問に対する答えを忠実になぞるようなリハーサルを行いたいと考えています。問題ありますか。

A: 被告本人に虚偽の供述をさせることになりかねませんから、答えの部分の記載は、本番での供述内容と異なる簡略なものにすべきです。

〔 解 説 〕

1 原被告本人の供述汚染 職務基本規程75条は、「弁護士は、偽証若しくは虚偽の陳述をそそのかし……てはならない」と規定し、民事訴訟の本人尋問において、本人に虚偽の供述をさせることを禁止しています。証人が記憶に反する虚偽の証言をすれば偽証罪が成立するため、尋問に先立って行われる証人テストでは証人汚染に注意すべきことが認知されていますが、原被告本人が虚偽の陳述をしたときにも過料の制裁がありますから（民訴209条1項）、原被告本人の汚染にも注意しなければなりません。

2 問いと答えをすべて記載した尋問事項書の利用 虚偽供述のそそのかしに当たるのは、尋問リハーサル前に問いと答えをすべて詳細に記載した書面を作成して本人に交付し、本人の記憶に関係なく書面に記載したことをそのまま法廷で供述させること、本人が記憶にないといっているのに、記憶とは異なる供述内容を具体的に指示して法廷でそのまま供述させること等です。問いと答えをすべて記載した尋問事項書で尋問リハーサルを行うことが直ちに虚偽供述のそそのかしに当たるわけではありません。しかし、問いと答えをすべて具体的に記載した尋問事項書、特に本番に合わせて答えを詳細に記載した尋問事項書は、原被告本人に対してそのとおりに供述しないと敗訴してしまうという強いプレッシャーを与えます。したがって、答えの記載は、本番の供述内容から離れた簡潔なものにすべきです。

【Check Point】

□答えを詳細に記載した書面は、供述予定者に強いプレッシャーを与える。

［髙中正彦］

Q174: 従前の主張と矛盾する供述への対応

　信号機のある交差点での衝突事故によって傷害を受けた人の依頼により訴訟を提起しました。訴状では、被告が赤信号を無視して交差点内に進入したとしましたが、被告も答弁書で原告が赤信号で交差点に進入したと主張してきました。そこで、本人尋問のための尋問リハーサルをしたら、依頼者が「もしかしたら対面信号は赤だったかもしれません」と言い出しました。どうすればよいのでしょうか。

A: 交差点の対面信号が青色の可能性を依頼者に慎重に確認し、その可能性があるとの回答であれば、本人尋問で対面信号が青色であったと供述させてよいと考えます。しかし、対面信号が赤色の可能性が高いとの回答であれば、従前の主張の撤回を慎重に協議すべきです。

〔 解 説 〕

1 虚偽の陳述のそそのかしの認識　職務基本規程75条は、弁護士は、虚偽の陳述をそそのかしてはならないと規定し、民事訴訟の本人尋問において本人に虚偽の供述をさせることを禁止しています。虚偽とは、客観的事実に反することをいい、そそのかしとされるには、虚偽であることを知っていたことが必要です。過失により虚偽であることを知らずに結果的に虚偽の供述をさせても、同規程75条違反にはなりません。未必の認識でもよいかですが、もしかしたら虚偽かもしれないが、それでもいいと考えて虚偽の供述をさせたら、同規程75条違反になり得るというべきです。

2 虚偽の供述になる可能性があるときの対処　従前の主張を維持していくと本人尋問での供述が虚偽になる可能性がある場合に、強引に記憶に反する供述をさせると職務基本規程75条違反になる危険性があります。しかし、あやふやな記憶によって従前の主張を撤回することにも躊躇します。そうすると、依頼者の記憶をできる限り喚起してもらい、従前の主張を維持できると判断すれば、それに沿った供述をさせてよいでしょう。反対に、従前の主張の撤回が必要と判断すれば、慎重に協議すべきです。

【Check Point】

□従前と違うことを言う依頼者とは訴訟進行を慎重に協議する。

[髙中正彦]

Q175: 偽造の疑いのある契約書の証拠提出

貸金請求事件の依頼を受け、依頼者が持参した3年前の金銭消費貸借契約書を見たら、借主と貸主の筆跡がほぼ一緒であり、借主の印影も市販の三文判と認められ、かつ、押印箇所を指でなぞると朱肉が流れ、押捺してほとんど時間が経過していないことがわかりました。偽造の疑いが強いのですが、書証として提出してよいでしょうか。

A: 依頼者に金銭消費貸借契約の作成状況を質問し、依頼者が借主本人が3年前に署名押印したものに間違いないと言い張ったときは、書証として提出せざるを得ないと思われます。しかし、後日故意に偽造証拠を提出したと指弾されないようにしておくべきです。

〔 解 説 〕

1 虚偽証拠の提出　職務基本規程75条は、虚偽と知りながらその証拠を提出することを禁止していますが、当然の規律です。刑事事件において偽造されたことを知りながらその証拠を使用すれば、証拠隠滅等の罪が成立します。民事事件でも、依頼者等の関係者が持ってきた証拠、特に書証については、その作成過程に疑義がないかどうかを吟味すべきです。偽造の疑いを持ったら、依頼者その他の関係者に対して作成状況を質問し、偽造の疑いを払拭しておくべきです。しかし、依頼者等の関係者が、絶対に偽造したものではないと言い張った場合は、そのまま証拠として提出せざるを得ないと考えます。ただ、その後の人証尋問で偽造が発覚したときには、相手方弁護士や裁判官から偽造と知っていたのではないかとの疑いを持たれますから、一筆を採っておく等の防衛策が必要と考えます。

2 証拠提出の後に偽造が発覚した場合の措置　証拠提出した後に偽造だと告白された場合の対応は極めて難しいものがあります。進んで偽造と裁判所等に上申すれば、守秘義務違反に問われかねません（正当な理由があるとされますが）。放置しておけば、後で懲戒請求を受けかねません。進退窮まりますが、辞任するのも1つの方法です。

【Check Point】

□証拠に偽造の疑いがあれば自己防衛策を講じておく。　　　　〔髙中正彦〕

Q176: 訴訟の引き延ばし

　家賃10か月滞納により建物明渡請求訴訟を提起された被告の委任を受けましたが、被告は、「引越しの資金がありません。6か月引き延ばしてくれれば、立ち退きます」といいますので、第1回期日を欠席し、第2回期日も差し支えを理由に3か月先に入れました。その後も書面を五月雨式に出そうと思います。問題ないでしょうか。

A: 不当な目的による訴訟の引き延ばしと断定できませんが、嘘をついて次回期日の指定を先に伸ばし、書面提出を故意に遅らせることには問題があります。

〔 解 説 〕

1 裁判手続の遅延　職務基本規程76条は、弁護士は、怠慢によりまたは不当な目的のため、裁判手続を遅延させてはならないと定めています。このうちの「不当な目的」による裁判手続の遅延の例としては、①相手方に苦痛を与え続けることのみを目的とする場合、②相手方を精神的に困惑・困憊させ、または経済的な打撃を与え、それに乗じて自己に有利な解決を図ることを目的とする場合、③弁護士報酬を多くすることのみを目的とする場合等があります（解説211頁）。**Case** は、不当な目的による裁判手続の遅延に当たるかどうかは微妙です。

2 敗訴確実な事件の対応　**Case** は、10か月の家賃滞納ですから被告敗訴はほぼ間違いないところです。6か月の明渡猶予には法律的な理由は認められませんが、弁護士としては、6か月先の明渡しを確約させるとともに、強制執行手続の時間と費用の問題を主張し、依頼者たる被告の希望をできる限り実現するように最大の努力をすべきでしょう。ただ、引き延ばしのために嘘をつくことや書面の提出を故意に遅らせることは、品位を失うべき非行になり得ます。

【Check Point】

□敗訴確実な事件でも主張すべきことを探すのが弁護士である。

［髙中正彦］

Q177: 調停の引き延ばし

夫が申し立てた離婚調停の相手方代理人を妻側から依頼されましたが、妻は、「離婚しても結婚から間がないので財産分与はわずかです。それよりも、調停を引き延ばしてもらい、訴訟に移行しても徹底的に争ってもらって、離婚判決が出るまで婚姻費用を支払い続けさせた方が有利です」といいます。妻の考えに従って問題ありませんか。

A: 問題ありませんが、引き延ばしの理由に嘘があってはいけません。

〔 解 説 〕

1 裁判手続の遅延　職務基本規程76条は、弁護士は、怠慢によりまたは不当な目的のため、裁判手続を遅延させてはならないと定めています。「不当な目的」による裁判手続の遅延の例としては、相手方に報復したり苦痛を与え続けることのみを目的とする場合、相手方を精神的・経済的に追い込み、窮状に乗じて自己に有利な結果を獲得することを目的とする場合、多額の弁護士報酬を獲得することのみを目的とする場合等があります（解説211頁）。しかし、**Case** では、離婚した場合の財産分与と婚姻期間継続中の婚姻費用とを比較衡量し、後者の方が有利であるとして離婚を選択しないというのですから、合理的な処理方針の選択例といえます。同じ訴訟引き延ばしの例として、賃貸借契約解除事由が明白なのに立退きを引き延ばすことの可否がありますが、婚姻費用の支払いを受けることには法律上の原因がありますから、同一には論じられません。

2 婚姻費用獲得のための調停等の引き延ばし　婚姻費用を継続的にもらった方が有利だとして離婚を拒否する例は、しばしば見られますが、離婚を求める側は、離婚原因があるのにそれをいたずらに争うのは不当であると怒ります。しかし、離婚原因があるかどうかは、訴訟の判決を待たなければ確定しませんから、「離婚原因があるのに」という前提が一方的なものに過ぎないわけです。ただ、婚姻費用ほしさのために嘘をついて調停や訴訟の期日を遅らせたり、故意に書面提出を遅らせたりすると、「怠慢」を原因とする訴訟の引き延ばしに当たる可能性が出てきます。

【Check Point】

□合理的理由があっても怠慢による引き延ばしはしない。　　　［髙中正彦］

Q178: 同期裁判官への私的接触

　勝敗が微妙な訴訟を遂行していますが、担当裁判官が転勤し、同期同クラスの裁判官が赴任してきました。同期で歓迎会を催した際、「私が代理人になっているあの事件だが、何とかよろしく頼むよ」といいました。その後、依頼者には、「後任の裁判官は私の同期同クラスの男だ。この前よろしくと頼んでおいたから、安心していいんじゃないか」といっておきました。問題ありますか。

A: 裁判官との私的関係の不当利用に当たります。

〔 解 説 〕

1 裁判官との私的関係の不当利用　職務基本規程77条は、裁判官との縁故その他の私的関係があることを不当に利用してはならないと規定しています。「縁故その他の私的関係」とは、裁判官との個人的関係、たとえば親戚、同郷、高校・大学の同窓、上司と部下等の関係ですが、司法修習が同期同クラスであることも含まれます。そして、「不当」な「利用」とは、裁判官との個人的関係を笠に着て、公正であるべき公務の遂行に圧力をかけたり手加減をしてもらう等の行為をいいます（解説212頁）。もちろん、裁判官が現実にその影響を受けた公務遂行をすることは必要ありません。Case の同期の裁判官に対し、「何とかよろしく頼むよ」と申し向けた行為を検討しますと、直接的に圧力をかけたり手加減を加えることを求めていませんが、暗に自己の依頼者に有利に訴訟の運営をしてほしいことを求めていると考えられますから、不当利用に当たるというべきです。

2 裁判官との個人的関係の吹聴　Case では、依頼者に対し「後任の裁判官は私の同期同クラスの男だ。この前よろしくと頼んでおいたから、安心していいんじゃないか」といっていますが、職務基本規程77条は、裁判官との個人的関係を吹聴したり自慢することまでは禁止していません（同規程5条・6条違反は別論）。しかし、裁判官との個人的関係があることをホームページ等に記載すると、「利用」に当たります（解説212頁）。

【Check Point】

□同期の裁判官や検察官とは、親しき仲にも礼儀ありを実践する。

[髙中正彦]

Q179: 元検察官弁護士の元部下への働きかけ

　ある企業の不祥事で社長が逮捕されたため弁護団を組むこととなり、元地検次席検事の弁護士が入ってきました。その弁護士は、「社長の取調べを担当している検事は、もと私の部下だった男で、ずいぶん面倒を見てきた。何とか起訴猶予で済むように頼んでくるよ。その代わり報酬ははずんでもらいますよ」といいます。問題ないのでしょうか。

A: 取調べ担当検察官に対して元上司と部下の関係を示して不起訴処分にすることの圧力または働きかけをすれば、問題があります。

〔 解 説 〕

1 検察官との私的関係の不当利用　職務基本規程77条は、検察官との縁故その他の私的関係があることを不当に利用してはならないと規定していますが、「縁故その他の私的関係」とは検察官との個人的関係をいい、元上司と元部下の関係にあったことも含まれます。また、「不当利用」とは、検察官との個人的関係を笠に着て働きかけをしたり圧力をかけ、公正であるべき公務の遂行に手加減を加えてもらう行為をいうと解されます（解説212頁）。その結果検察官が働きかけや圧力に屈したことまでは必要ありません。このような観点から検討しますと、単に取調べ担当検察官との個人的関係を吹聴または自慢しただけで現実に働きかけをしていないとすると、職務基本規程77条違反とはなりません。また、取調べ担当検察官に面会したときに、元上司ということをおくびにも出さないで淡々と起訴猶予処分を要請しただけであるときも同じです。

2 不当な働きかけ　職務基本規程77条違反は、「不当利用」ですから、元上司と部下の関係を前提とした上で、圧力ないし働きかけがなされたことが必要です。そうでなければ、元裁判官や元検察官がたまたま元の部下に当たったときには何もできなくなってしまうからです。そのように見ると、「君と私との関係に免じて、今回だけは起訴猶予処分にしてもらえないか」という行動をしたことが必要です。

【Check Point】

□元上司の関係を前提とした上で検察官に働きかけをしてはならない。

［髙中正彦］

ノボル：国選弁護を引き受けているのですが、刑事弁護は難しいですね。マ
　　　　スコミを賑わしているのも刑事事件が多いように感じますが、その
　　　　弁護人は苦労しているのでしょうか。

兄　弁：国選弁護では、見も知らない被告人を弁護するので、その被告人と
　　　　の信頼関係を築くのが難しいね。また、被告人から無理難題をいわ
　　　　れたときの対応も悩ましいね。「本当はやっているが、無罪を主張
　　　　してくれ」という場合、無罪の弁護をしなければいけないのは分か
　　　　っていても、現実にはなかなか難しいようだ。

ノボル：友人は、国選弁護で見込みのない保釈請求を繰り返し頼まれて困っ
　　　　たといっていました。

姉　弁：最善の弁護をしなければならないけれども、それは刑事弁護を取り
　　　　扱う平均的弁護士の水準から判断されるから、考えを聞ける友人の
　　　　弁護士を多く作っておくことが大切ね。

ノボル：被害者のいる事件での示談交渉で問題事例があったと聞きましたが、
　　　　どんな事例ですか。

兄　弁：性犯罪の被害者に対して執拗に示談を迫った行為が不法行為だとさ
　　　　れた判例があるね。熱心弁護の典型だと思っているよ。

ノボル：国選弁護では、被告人の親族からの季節の贈答にどう対応するかに
　　　　悩んでいます。

姉　弁：その問題は本当に難しいわね。国選弁護の関係者からは一切金品は
　　　　もらわないという人もいて、贈答品は送り返すといっていたわ。で
　　　　も、自分の畑でとれた西瓜や米を持参してきたような場合は受け取
　　　　るという考え方の人もいるわね。

ノボル：私選では、たとえば薬物事犯で複数の被告人を同時受任してよいか
　　　　にも悩んだことがあります。

兄　弁：利益相反の問題だが、一般的には共同受任しないね。

ノボル：いろいろな難問があることがわかりました。

Q180: 身代わり犯人

　自動車運転過失傷害事件の被疑者から、「実は交通事故時に自動車を運転していたのは自分ではなく息子ですが、息子は就職を控えて大事な時期なので、自分が運転していたことにして裁判を進めてください」と言われました。被疑者の意向に沿って弁護活動をしてもよいのでしょうか。

A: 難しい対応が求められる事態ですが、漫然と被疑者の言うままに弁護活動をすることには問題があります。

〔 解 説 〕

1 依頼者に対する説得　被疑者・被告人が真犯人の身代わりであることを知った場合、弁護人としては、まず被疑者・被告人に対して身代わり犯人となることを思いとどまるよう説得するべきです。その際、身代わり犯人となること自体が犯人隠避罪（刑103条）に該当することなどの不利益についても説明する必要があります（解説15頁）。

2 説得が奏効しない場合　被疑者・被告人が弁護人の説得に応じない場合の対応としては、①被疑者・被告人の意向に反しても無罪主張をするか辞任すべきである（私選弁護の場合）、②情状弁護だけをすべきである、③被疑者・被告人の意向に沿った弁護活動をすべきである、などの考え方があります。弁護人の誠実義務の内容として、被疑者・被告人の自己決定に従った最善の弁護活動をすべきことが要請されていることから、③説が比較的有力とされています（解説15頁）。しかし、この考え方に拠った場合、弁護活動自体が犯人隠避罪の構成要件に該当することになります。③説の立場からは、刑法35条の正当業務行為に当たるものとして違法性が阻却されると考えることになりますが、この点について判断した裁判例はありませんから、事案に応じた慎重対応が求められるでしょう。

【Check Point】

□漫然と被疑者の意向に従うことなく、慎重対応が求められる。

［安藤知史］

Q181: 真実義務の内容

覚せい剤所持で逮捕されて勾留中の被疑者から、「実は、友人宅に停めてある自分の車の中に、営利目的で所持していた多量の覚せい剤があります。警察に見つかっていないようなので、このまま黙っていてもよいでしょうか」と相談されました。この事実に触れずに弁護活動をして問題ないのでしょうか。

A: 積極的に真実を明らかにする義務まではありません。

〔 解 説 〕

1 真実義務の内容 職務基本規程5条は「弁護士は、真実を尊重し」と規定していますが、これは、刑事事件において、弁護人に実体的真実の発見に積極的に協力する義務（積極的真実義務）を課すことを定めたものではありません。この点は、弁護士職務基本規程82条1項でも注意的に明らかにされています。

2 消極的真実義務 しかし、職務基本規程75条が「弁護士は、偽証若しくは虚偽の陳述をそそのかし、又は虚偽と知りながらその証拠を提出してはならない」と規定していることに注意が必要です。弁護人といえども、裁判所や検察官による実体的真実の発見を積極的に妨害したり、積極的に真実をゆがめたりする行為に及ぶことは許容されません。

3 弁護人としての対応 Case のような告白をされたとしても、弁護人が被疑者の意に反してその事実を積極的に明らかにする義務は負いませんが（そのような行為はかえって守秘義務違反、誠実義務違反等の問題を生じさせます）、後に真実が明らかになった場合の不利益は適切に説明しておくべきでしょうし、被疑者の更生等の観点から、真実を告白するよう被疑者を説得するなどの対応をとることもあり得ます。なお、このような説明や説得を行うにあたっては、被疑者との信頼関係を損なうことがないよう十分に留意すべきです。

【Check Point】

□弁護人の真実義務の内容を正しく理解した上での対応が求められる。

[安藤知史]

Q182: 有罪の暴露

窃盗事件の被疑者から、「実は自分が真犯人です」と告白されたのですが、「警察で見せられた防犯カメラの映像は極めて不鮮明だったので、自分はやっていないという主張を続けたい」と言われました。被疑者の意向に沿って無罪主張をすることに問題はないでしょうか。

A: 被疑者に不利益等を説明しても翻意しない場合には、無罪主張をせざるを得ないと考えられます。

〔 解 説 〕

1 有罪事件の無罪主張における問題点 被疑者・被告人から有罪であることを告白されたような場合に弁護人が無罪主張してよいかという点については、誠実義務（職務基本規程5条）と真実義務との衝突という極めて困難な問題を生じます。

2 弁護人の対応 弁護人が被疑者・被告人に無断で告白内容を開示すれば守秘義務（弁23条、職務基本規程23条）や誠実義務（弁1条2項、職務基本規程5条）の違反になりますが、弁護人としては、虚偽の無罪主張を続けることによって却って不利益を被る可能性があることは説明する必要があるでしょう。それでも、被疑者・被告人が翻意しない場合には、弁護人としては、意向に沿って無罪主張をせざるを得ないと考えられます。

3 参考事例 参考となる事案として、無罪を主張する窃盗事件の弁護人が控訴趣意書において、被告人の主張を否定し、弁護人としては被告人を有罪とした原判決に誤りがないと考えていると記載した事案について、このような対応は被告人の防御権を侵害するもので、被告人の権利・利益を擁護する刑事弁護制度を崩しかねないものであるとして、懲戒処分を受けた事例があります（解説15頁）。

【Check Point】

□無罪主張をするとしても、それによって生じる不利益の可能性を説明しておく必要がある。　　　　　　　　　　　　　　　　　　　［安藤知史］

Q183: 証拠隠滅

　被疑者から、「自宅に、書類が入っている封緘された封筒がありますが、これは知人から預かっていた大切なものなので、封筒ごとその知人に届けてほしい」と頼まれました。このような依頼に応じても問題はないでしょうか。

A: そのような依頼には、応じるべきではありません。

〔 解 説 〕

1 弁護人の役割　弁護人が被疑者・被告人からさまざまな相談や頼み事をされることは少なくありません。たとえば、就業先への対応を相談される、親族への連絡を頼まれるといったことがその典型です。それが刑事弁護活動とは直接関係しない場合であっても、被疑者・被告人の更生や被疑者・被告人との信頼関係の構築などの観点から、依頼に応じた行動をとることもあり得るところです。

2 証拠隠滅への留意　しかし、Case のような依頼については、弁護をしている事件または他の事件の証拠を隠滅することにつながる可能性があります。仮に、封筒の中身を弁護人自身が確認したとしても、それが意味するところを十分に理解できるとは限らず、結果的に証拠隠滅に加担してしまうこともあり得ます。弁護人の行為によって証拠が隠滅された場合には、弁護人自身が証拠隠滅罪（刑 104 条）に問われるおそれがありますし、罪に問われないとしても品位を失う非行とされる可能性があります。したがって、このような依頼には応じるべきではありません。

　また、自宅にある物を持ってきてほしい、弁護人において預かっていてほしいといった依頼を受けることもありますが、同様の問題が生じます。仮にやむを得ず被疑者・被告人の自宅に入るときでも、弁護人が 1 人で立ち入ることは慎重に考える必要があります。

【Check Point】

□被疑者・被告人からの依頼については、証拠隠滅等につながる可能性がないかを慎重に考える。　　　　　　　　　　　　　　　　　　［安藤知史］

Q184: 最善の弁護活動①

国選弁護人である窃盗事件の被告人は、捜査段階から全面的に自白し、公訴事実もすべて認める旨の認否をする予定です。先般、検察官から取調べを請求する書証の開示を受けましたが、被告人に確認をとることなくその取調べについて全部同意しても問題はないでしょうか。

A: 争いのない事件であっても、被告人に何ら確認をすることなく検察官請求証拠の取調べに全部同意することには問題があります。

〔 解 説 〕

1 最善の弁護活動　職務基本規程 46 条は「弁護士は、被疑者及び被告人の防御権が保障されていることにかんがみ、その権利及び利益を擁護するため、最善の弁護活動に努める」と規定していますが、「最善の弁護活動」とは、刑事弁護活動を行う平均的水準の弁護士が一般的かつ合理的に最善と考えられる弁護活動を意味し、主観的な意味で最善を尽くせば足りるということではありません（解説 134 頁）。

2 被告人に確認しないで行う証拠への同意　検察官請求証拠の取調べに同意するか否かは、刑事裁判において重要な意味を持ちますので、たとえ被告人が全面的に自白している事件であっても、被告人に全く確認をとることなく対応を決めることには問題があると考えられます。どの程度厳密に確認を求めるかは、事案や証拠の内容などによって異なりますが、弁護人としては、被告人の防御権を損なうことがないように事案に即した適切な対応が求められます。なお、検察官請求証拠の取調べに同意することについて、被告人の承諾を得るために書証の全文を読ませる必要はなく、接見時間内に判断に必要な十分な情報を与えた上で承諾を得たものと判断された議決例があります（解説 135 頁）。

【Check Point】

□書証に対する同意・不同意については、被告人の意思確認が求められる。

［安藤知史］

◀ コラム ▶ 保釈保証金

　弁護人にとっては、身体拘束を受けている被告人について、早期の解放に努めることが極めて重要であることは論を俟たないところです（職務基本規程 47 条参照）が、保釈請求にあたって問題になるのが保釈保証金の確保です。被告人やその親族などが用立てることができない場合には、第三者から融資を受けることが考えられますが、それも難しい場合には保証書を差し入れることをもって保証金に代える（刑訴法 94 条 3 項）ことも検討することになるでしょう。これに関しては、全国弁護士協同組合連合会が行っている保釈保証書の発行事業がありますが、弁護人自らが保証書を差し入れる場合には、弁護士倫理上の問題を考えておくべきでしょう。

　職務基本規程 25 条は、特別の事情がない限り、弁護士が依頼者との間で金銭の貸借をしたり、依頼者の債務について保証したりすることを原則として禁止しています。

　保証書の差入れも債務の保証に該当しますが、被告人の権利擁護のために必要な場合には、「特別の事情」が認められると考えられます。しかし、金銭上の貸借関係や債務の保証により、依頼者との間に利害の相反が生じ信頼関係を傷つける可能性が高いという点には留意が必要です（解説 71 頁参照）。万一、保釈が取り消される事態となった場合には、保証書を差し入れた弁護人が保証書に記載された金額を納付する義務を負うこととなる可能性がありますが、それによって被告人との間に紛争が生じることになれば、却って被告人の権利擁護に支障が生じかねません。弁護人が保証書を差し入れるという対応をとるかどうかについては、そうした事態も想定した上で慎重な判断が求められるといえます。　　　　　［安藤知史］

Q185: 最善の弁護活動②

国選弁護事件として強制わいせつ事件を受任しましたが、被告人には同種前科が複数あり、「後悔しています」などとはいうものの、その態度からは真摯に反省しているようには見えません。公判において、「被告人には真摯な反省の態度は見られない」ということを述べてもよいでしょうか。

A: 弁護人がそのような対応をとることは誠実義務に違反するものであり、不適切です。

〔 解 説 〕

1 最善の弁護活動　職務基本規程46条は「弁護士は、被疑者及び被告人の防御権が保障されていることにかんがみ、その権利及び利益を擁護するため、最善の弁護活動に努める」と規定しています。その内容については **Q184** に記載のとおりです。

2 真実義務との関係　弁護人も真実義務を負っていますが、その内容はいわゆる消極的真実義務にとどまりますので（**Q181** 参照）、仮に被告人の反省が不十分であるという事情があったとしても（**Case** では、それが真実かどうかすら定かではありません）、積極的に被告人にとって不利な事実を述べる必要はありませんし、そのような対応をとることは、むしろ弁護人の誠実義務に違反するものと考えられます。

3 弁護人としての対応　**Case** でも、弁護人の主観に基づいて「真摯な反省の態度が見られない」などと主張することは不適切であり、問題があります。弁護人の目から見て、被告人が真摯に反省しているようには思えないとしても、被告人自身は現に「後悔している」旨を述べているのですから、被告人が反省の弁を述べているという情状弁護をすることに問題はないでしょう。

【Check Point】

□弁護人には、被疑者・被告人の正当な利益と権利を擁護する役割を担っていることを踏まえた対応が求められる。　　　　　　　　　　［安藤知史］

Q186: 受任義務

現在拘置所に勾留されているという全く面識のない人から、「自分はえん罪で身体拘束を受けているから助けてほしい。刑事事件について弁護を担当してほしい」との手紙が届きました。信頼関係が築けるか不安であり、受任を断りたいのですが、どのように対応すべきでしょうか。

A: すみやかに依頼を承諾しない旨を回答する必要があります。

〔 解 説 〕

1 事件の受任義務　弁護士は、事件の受任および処理にあたり、自由かつ独立の立場を保持するという観点から、事件の受任義務はないとされています（解説44頁。例外として、弁護士法24条、職務基本規程79条、80条、債務整理事件処理の規律を定める規程8条2項）。したがって、依頼者と信頼関係を築けないと弁護士が判断した場合において、依頼を断ることは問題ありません。

2 依頼不承諾の通知義務　弁護士が事件を受任しない場合には、依頼しようとした者には他の弁護士を探す等の必要が生じます。そこで、弁護士法29条は、弁護士が事件の依頼を承諾しないときは「依頼者に、すみやかに、その旨を通知しなければならない」と規定しています。したがって、Case でも、依頼を承諾しない（受任しない）旨をすみやかに通知する必要があります。なお、依頼不承諾の通知をしないで放置していた弁護士に対し、弁護士法29条違反を理由とする懲戒請求がされた例もありますので、注意が必要です。

3 通知の方法　弁護士法では、通知の方法を定めていませんが、不承諾の通知をしたことを記録に残すためには、書面によることが望ましいといえます。なお、承諾しない理由を通知する必要はありませんが、事案によっては、簡単に理由を説明したほうが理解を得やすいでしょう。

【Check Point】

□面識のない者からの依頼であっても、それを放置しないよう注意する。

［安藤知史］

Q187: 共犯の同時受任

私選弁護人となった被疑者から、「共犯である知人も今後逮捕される可能性が高い。そうなったらその弁護もお願いしたい」との要望を受けました。両名の間には言い分に食い違いはないようなので、両名の弁護を引き受けても問題はないでしょうか。

A: 将来利害対立が顕在化する可能性があることも考え、受任については慎重な対応が求められます。

〔 解 説 〕

1 共犯者間の利害対立　刑事事件では、共犯者間に利害対立が生じることが少なくありません。自白事件であっても、事件への加功の程度や果たした役割などを巡って利害が対立する可能性があります。そのような場合に、共犯関係にある複数の者の弁護を担当していると、当該弁護士は身動きのとれない状況に陥りかねません。したがって、共犯関係にある複数の者の弁護を同時に受任することは、できるだけ避けるべきものと考えられます。なお、国選弁護については、「被告人又は被疑者の利害が相反しないときは、同一の弁護人に数人の弁護をさせることができる」（刑訴規29条5項）とされています。

2 受任後に利害対立が顕在化した場合の対応　受任の段階では共犯者間に利害対立が生じていないとしても、手続が進む中でその言い分に食い違いが生じるなどして利害対立が顕在化することもあり得ます。このような場合、弁護人としては、双方の弁護人を辞任することを検討せざるを得ませんが（一方の被疑者・被告人の弁護人であり続けると、守秘義務等の関係で進退窮まることがあり得ます）、手続の途中で弁護人が辞任をすることになれば、被疑者・被告人にも不利益が生じますので、一方的に辞任すればよいということにはなりません（職務基本規程42条参照）。このことからも、共犯関係にある複数の者の弁護人となることには慎重であるべきです。

【Check Point】

□共犯関係にある複数の者の弁護人となることは慎重に考える。

［安藤知史］

Q188: マスコミ取材への対応

贈賄事件で逮捕されて勾留中の被疑者の弁護をしています。あるメディアから、「被疑者の言い分を社会に正確に伝えるためにも取材に応じてほしい」と言われているのですが、取材に応じてもよいでしょうか。

A: 取材に応じるか否かは、被疑者の意向のほか、取材に応じる場合の問題点等も踏まえて慎重に判断すべきです。

〔 解 説 〕

1 取材対応に対する考え方 世間の注目を集めるような刑事事件では、弁護人がメディアから取材の申込みを受けることがあります。その場合、弁護士は、依頼者に対して守秘義務を負っていますから（弁護士法23条、職務基本規程23条）、取材に応じて、被疑者・被告人との接見の内容その他の刑事事件に関する情報を漏らすことについては慎重であるべきです。事案によってはやむを得ず弁護人が取材対応をせざるを得ないこともありますが、まずは被疑者・被告人の意向を確認する必要があります。その際には、単に取材に応じるか否かといった抽象的な確認をするのではなく、取材の方法や開示する情報の内容、範囲等について具体的に確認するほか、取材に応じた場合に想定される問題点についても十分に説明しておくべきであると考えられます。

2 取材対応における留意点 仮に取材に応じることにした場合でも、守秘義務違反が生じないよう留意すべきことは当然として、被疑者・被告人の正当な権利と利益を擁護する役割を担う弁護人の役割に沿った慎重な対応が求められます。メディア側から「そちらの言い分を社会に伝えた方が無罪につながるのではないか」といった言葉がささやかれることがありますが、被疑者・被告人の側に立って報道がなされるとは限りませんから、安易に応じるべきではありません。

【Check Point】

□弁護人が取材に応じることについては、慎重であるべきである。

［安藤知史］

Q189: 記者会見

　大きく報道されている刑事事件の弁護人をしていますが、被告人を非難する報道が多いため、メディアを集めて、被告人が無罪である理由を説明する記者会見を行うことにしました。何か注意すべき点はあるでしょうか。

A: 守秘義務違反とならないよう注意するほか、第三者の名誉やプライバシー等への配慮も十分にする必要があります。

〔 解 説 〕

1 弁護人の職務範囲　弁護人は、無罪を主張している事件において、無罪判決を獲得するために最善の努力を尽くす義務があります（職務基本規程46条）。そのための活動の中心は、捜査機関に対する対応や公判対応、被疑者・被告人との接見といった刑事弁護活動になりますが、被疑者・被告人の権利・利益の擁護のために、刑事弁護活動以外の対応が求められる場面もないわけではありません。

2 メディア対応における留意点　世間で大きく報道されている事件では、被疑者・被告人やその関係者の立場を守る目的で、弁護人がメディアに対して釈明等をする必要が生じる場合もあります。そのような場合においても、守秘義務（弁護士法23条、職務基本規程23条）違反を問われることがないように注意するとともに、被疑者・被告人と十分な意思疎通を図っておくことが必要です（**Q188**参照）。併せて、記者会見等で被疑者・被告人の立場を説明してもメディアはそれを好意的に伝えてくれるとは限らないこと、手の内をさらすことになってしまいかねないことなどのリスクも考えておく必要があります。

　また、被疑者・被告人の立場を守ろうとするあまり、第三者の名誉を傷つけたり、プライバシーを侵害したりすることがないように十分に配慮することも重要です。くれぐれも、弁護人が自らをアピールするための場ではないことを肝に銘じておくべきでしょう。

【Check Point】
□被告人等との十分な意思疎通や第三者の名誉等への配慮が重要である。

[安藤知史]

Q190: 被害者の落ち度の強調

　傷害事件の被告人の弁護をしていますが、傷害行為は、被害者による挑発が原因なので、被告人の刑を軽くするために、尋問などで被害者の落ち度を強く主張したいと考えています。どのようなことに留意すべきでしょうか。

A: いたずらに被害者を貶めたり、その人格を攻撃したりするような主張は慎むべきです。

〔 解 説 〕

1 誠実義務と最善の弁護　弁護士は、信義に従い、誠実かつ公正にその職務を行うことが求められています（職務基本規程5条）。弁護人は、依頼者である被疑者・被告人に対して誠実義務を負っており、最善の弁護活動に務める必要がありますが（職務基本規程46条）、そのために不当な手段を用いることは許されません。

2 被害者への配慮　刑事事件では、被疑者・被告人の正当な権利と利益を擁護するために、被害者側の落ち度を主張せざるを得ない場合があります。しかし、その場合でも、いたずらに被害者を貶めたり、人格を傷つけたりするようなことは慎むべきです。**Case** では、被害者による挑発行為があったという事実を主張・立証することは弁護人としての重要な役割ですが、そのために必要な範囲を超えて被害者を非難することは正当化されません。弁護人のそのような対応は、却って被告人にとって不利益となることもあります（特に裁判員裁判においては裁判員の心証を害するおそれがあることに留意すべきです）。熱心さのあまり、証人尋問における質問だけではなく、弁論要旨等においても過激に過ぎる表現が用いられる例がありますが、弁護士には、高い品性が求められている（弁護士法2条、職務基本規程6条）ことを常に念頭に置くべきでしょう。

【**Check Point**】

□熱心さのあまり被害者をいたずらに攻撃すべきではない。　　［安藤知史］

Q191: 示談の強要

　強制わいせつ事件の被疑者の弁護人になりました。示談ができれば不起訴処分が得られる見通しなので、被害者に繰り返し電話をかけ、「示談をしないのは人を思いやらない行為です」「示談しないと、裁判所に証人として呼ばれ、いろいろ訊かれますよ」等と説得しましたが、面会を頑なに拒んでいます。諦めてはならないと考え、被害者が仕事を終えて帰宅している夜間に自宅へもたびたび訪問しています。このような対応に問題はあるでしょうか。

A: 職務の公正さを損なうものと評価される可能性があります。

〔 解 説 〕

1 職務の公正性の確保　弁護士は、依頼者の利益のために職務を遂行し、刑事弁護においては、被疑者・被告人の権利・利益の擁護に最善を尽くす義務を負います（職務基本規程46条。**Q184** 参照）。他方で弁護士は、基本的人権の擁護と社会正義の実現という使命（弁護士法1条1項）に基づきその職務を遂行するものであり、職務の公正を確保する必要があります（職務基本規程5条）。すなわち、いかに依頼者の利益のためであっても、不当な手段を用いることは許されません（解説16頁）。

2 示談を強要することの問題点　刑事事件の被害者が示談に応じるか否かについては、言うまでもなく、被害者の意思が尊重されるべきであり、弁護人が、示談に応じない被害者を非難したり、それによって被害者に不利益が生じることを示唆したりすれば不当な交渉であるという評価を受けるおそれがあります。**Case** では、それに加えて、夜間に被害者宅をたびたび訪問していますが、被害者の意に反してこのような行為を繰り返せば、被害者に対する不法行為を構成する可能性すらあります。

　また、結果として示談が成立しなかった場合、弁護人の行き過ぎた言動が被害感情を悪化させ、被疑者・被告人に却って不利益を生じさせることにもなりかねませんので、その観点からも注意が必要です。

【Check Point】

□被害者の説得にあたっては、職務の公正さを失わないよう留意する。

［安藤知史］

Q192: 接見時の留意点①

被疑者に接見したところ、「仕事で使う大事な荷物を知人から預かったままになっているので、自宅にあるその荷物を取りに行くように知人に伝えてほしい」と頼まれました。どのようなことに注意すればよいでしょうか。

A: 罪証隠滅等につながるおそれもあり、依頼に応じないのが適切です。

〔解 説〕

1 弁護人の役割　弁護人は被疑者・被告人に対して誠実義務を負い、その権利・利益の擁護のために最善の弁護活動に努めなければなりません（職務基本規程5条、46条。**Q184**参照）。被疑者・被告人が身体拘束を受けている場合、弁護人が弁護活動の一環として必要な物品の差入れや関係者との連絡等の対応をすることは少なくありません。また、弁護活動とは直接関係しないものの、被疑者・被告人からの依頼に応じて便宜を図ることも否定されませんが、このような場合には、違法・不当な行為に弁護士が加担した結果とならないよう十分に注意を払う必要があります。

2 罪証隠滅等につながるリスク　**Case**では、その荷物が弁護を受任している刑事事件はもとより、他の犯罪事実の証拠となる物である可能性があります。弁護人が意図していなくとも、結果的に罪証隠滅に加担したこととなるような行為は慎むべきですから、**Case**のような被疑者からの依頼は断るべきでしょう（**Q183**参照）。やむを得ず依頼に応じる場合には、内容物を聞き弁護人がチェックすることの承諾を取り付けるなど罪証隠滅に加担することにならないよう万全な対応をする必要があります。職務基本規程14条において、「弁護士は、詐欺的取引、暴力その他の違法若しくは不正な行為を助長し」てはならないと規定されていることにも注意が必要です。

【Check Point】

□弁護士が罪証隠滅等に加担することにならないよう注意する。

［安藤知史］

Q193: 接見時の留意点②

接見等禁止決定を受けている被疑者の家族から、「被疑者の元気な様子を見たい」と頼まれました。接見時に被疑者をスマートフォンの動画で撮影し、家族にその動画のデータを提供してもよいでしょうか。

A: 接見時における被疑者の無断撮影は、正当な弁護活動の範囲を逸脱したものとの評価を受けるおそれがあります。

〔 解 説 〕

1 接見時のスマートフォン等の使用 弁護人が接見の際にスマホ等を利用することについては、留置施設・刑事施設においてこれを禁止していたり、事前申告を求められたりすることが通例です。この点につき、日弁連は、面会室内で写真撮影、録画、録音を行うことは憲法や刑訴法で保障された弁護活動の一環であって、接見・秘密交通権で保障されているとの意見を公表しています（解説140頁）。しかし、検察庁・警察署は、これを容認していません。

2 正当な弁護活動の範囲 仮に接見時にスマートフォンを使用するとしても、それはあくまでも正当な弁護活動の範囲内で認められるものであることを銘記しておく必要があります。弁護人が身体拘束を受けている被疑者・被告人の動画を撮影し、これをその家族に提供する行為は、被疑者・被告人の逃亡や罪証隠滅のおそれを生じさせたり（一見すると他愛のない被疑者からのメッセージ等が罪証隠滅等につながる場合もあり得ます）、留置施設・刑事施設の秩序維持に支障を生じさせたりするおそれもあります（接見の際のスマホ等による撮影行為、録音行為が懲戒処分の対象となった例が複数あります。解説141頁）。特に **Case** のように、被疑者が接見等禁止決定を受けている状況では、被疑者の動画を撮影して、データを家族に提供することは正当な弁護活動の範囲を逸脱したものであるとの非難を受けるおそれがありますので、慎重な対応が求められます。

【Check Point】

□接見時のスマートフォンの持込みや利用は、その目的等を踏まえ慎重に検討する。 ［安藤知史］

◀ コラム ▶ 接見等禁止決定下における第三者通信の仲介

　勾留中の被疑者・被告人について、接見等禁止決定（刑訴法 81 条、207 条 1 項）がなされている場合において、弁護人の行為規範をどのように考えるべきかについては、さまざまな議論があります。

　特に、弁護人が被疑者等と外部の第三者との通信を仲介することが弁護士倫理に反しないかについては、①弁護人が被疑者等と一般人が直接に接見するに等しいような伝言をする行為は、実質的には弁護人を介した一般人との接見に他ならないから、接見禁止決定を潜脱する違法なものであるとする考え方、②弁護人が介在した通信等は接見禁止決定により禁止されるものではないとする考え方、③口頭による伝達と物や文書の直接授受とを区別して、後者については弁護人が介在しても直接授受に変わりはないから許容されないとする考え方などがあります。

　いずれの立場に立つとしても、弁護人が、当該通信の仲介が接見等禁止決定の潜脱となることを認識していたにもかかわらず被疑者等による不当な行為を幇助したような場合には、懲戒処分を受ける可能性は否定できないと考えられます（弁護士自身が罪に問われる可能性もあります）。これを接見等禁止決定による制約と位置付けるか、違法・不正な行為を助長してはならないという一般的な規範（職務基本規程 14 条参照）の問題と位置付けるかはともかく、弁護人としては、被疑者等から伝言などを頼まれた場合には、その内容を十分に点検するなど、罪証隠滅等の違法行為につながる可能性がないかについて注意を払う必要があり、接見等禁止決定がある場合には、より慎重に対応すべきでしょう。　　　　　［安藤知史］

Q194: 秘密接見交通

顧問弁護士をしている会社の従業員が逮捕され、勾留されているとのことで、会社の社長から、「詳しい事情を確認してきてほしい」と頼まれました。すでに弁護人は選任されていて、自分が弁護人になることはないのですが、「弁護人となろうとする者」として接見をしてもよいでしょうか。

A: 弁護人になる可能性が全くないにもかかわらず、「弁護人となろうとする者」として接見するのは適切ではありません。

〔 解 説 〕

1 秘密接見の重要性 弁護人が、完全な秘密が保障されている中で身体拘束を受けている被疑者・被告人と接見することは弁護活動にとって極めて重要であることは論を俟ちません。被疑者・被告人との接見は、弁護活動の基本ともいうべきものであり、弁護士は被疑者・被告人について必要な接見の機会の確保に努めるべきものとされています（職務基本規程47条）。

2 接見交通権の濫用 刑訴法39条1項は、秘密接見を弁護人の他に「弁護人を選任することができる者の依頼により弁護人となろうとする者」についても保障しています。弁護人就任の依頼を受けたものの選任手続が完了していない弁護士がその典型であって、そのような立場の弁護士による接見について秘密接見が保障されることは極めて重要です。しかし、**Case** のように、弁護人になる可能性のない者が「弁護人となろうとする者」として接見をすることは、弁護人等に秘密接見が認められている趣旨に照らして、接見交通権の濫用であるという非難を免れないでしょう。なお、接見交通権の濫用にわたらない方法で弁護士が外部との接見交通を補助することは問題ありませんが、罪証隠滅等に加担するようなことにならないよう注意を払う必要があります。

【Check Point】

□接見交通権の濫用に該当するような秘密接見は慎むべきである。

[安藤知史]

Q195: 対価の受領①

国選弁護事件で被害者との示談を成立させました。極めて厳しい示談交渉で、これを進めるには通常の交渉事件を遥かに超える労力を要し、かつ示談が成立したことによって不起訴処分を得ることができました。被疑者とその家族から別途お礼をしたいという申し出があったので、これを受けてもよいでしょうか。

A: 示談交渉に関するお礼は受け取ってはいけません。

〔 解 説 〕

1 国選弁護における対価受領　弁護士は、国選弁護人に選任された事件について、名目のいかんを問わず、被告人その他の関係者から報酬その他の対価を受領してはならないとされています（職務基本規程49条1項）。受領が禁止される「対価」には、金銭のみならず、物品やサービスも含みます。したがって、社会的儀礼の範囲にとどまるような贈答品の受領であっても、これを受け取ることについては慎重であるべきです。

2 示談交渉事件に関する報酬等の受領　被害者との間で行う示談交渉については、国選弁護事件とは別の民事事件であるとして報酬を受領することは許されません（解説144頁）。なお、示談の成立は国選弁護報酬の加算事由となっています。

　示談金を捻出するために所有財産の売却をしたり、債権回収をしたりした場合のように、刑事事件とは別個の民事事件として相当程度の労力と時間を要した場合には、当該事件に関する適切な報酬を取得することは禁止されないとされていますが（解説144頁）、**Case** で問題となっているのは、あくまで当該国選事件の被害者との示談交渉であり、たとえ厳しい示談交渉であって通常の示談交渉を超える労力を要したとしても、刑事事件とは別個の民事事件と扱うことはできません。

【Check Point】

□示談交渉についてお礼を受領することは許されない。　　　　［安藤知史］

Q196: 対価の受領②

国選弁護事件で被害者との示談交渉を行うにあたり、被害者が遠方にいることから、被疑者の母親から交通費等の実費として10万円を渡されました。受け取ることは許されるでしょうか。

A: たとえ実費名目であっても10万円の金銭を受領することは控えるのが適当です。

〔 解 説 〕

1 国選弁護における対価受領の禁止　弁護士は、国選弁護人に選任された事件について、名目のいかんを問わず、被告人その他の関係者から報酬その他の対価を受領してはならないとされています（職務基本規程49条1項。**Q195** 参照）。対価とは、金銭のほか物品やサービスも含まれ、社会的儀礼の範囲内であっても対価性があれば禁止されます。

2 実費の受領　国選弁護人が弁護活動に要した実費を受領してよいかについては、職務基本規程49条が「名目のいかんを問わず」と規定している以上、一切認められないとする考え方と、受領が禁止されるのは報酬や報酬に準ずる対価といえるものであり、対価性のない実費の受領までは禁止されないとする考え方とがあります（解説144頁）。ただし、後者の考え方に立ったとしても、名目が実費でさえあれば報酬に準ずる金銭を受領してもよいというわけではありません。

　Case では、遠方の被害者の所に示談交渉に赴く交通費等に充てる趣旨とされていますが、金額も10万円と高額ですし、その内訳も定かではありませんので、このような金銭を受領することは、職務基本規程49条が禁止する「対価の受領」に当たると評価される可能性が高いと考えられます。なお、被害者との示談交渉は国選弁護とは別の民事事件であるとして報酬の支払いを受けることも許されませんので（**Q195** 参照）、**Case** で10万円を受領することは、この点からも問題があります。

【Check Point】

□実費名目であっても、多額の金銭を受領するのは避ける。　　[安藤知史]

Q197: 対価の受領③

傷害被告事件の国選弁護人を務めていたところ、犯罪被害者等保護法に基づく刑事和解について委任を受けました。被害者側との交渉等を行うことについて別途報酬を受領してもよいでしょうか。

A: 刑事和解に関する報酬を受領することは認められないと考えられます。

〔 解 説 〕

1 刑事和解の意義 刑事和解とは、「犯罪被害者等の権利利益の保護を図るための刑事手続に付随する措置に関する法律」（犯罪被害者等保護法）において導入された制度で（犯罪被害者等保護法19条）、刑事訴訟手続に付随して民事上の和解をするものです。この刑事和解においては、弁護人は当然に被告人の代理人となるものではありません。

2 刑事和解に関する報酬の受領 弁護人が刑事和解において被告人の代理人となるには、被告人から特別の授権を受けることが必要ですが、刑事和解は、刑事訴訟手続外で交渉を行い、成立した和解の内容を公判調書に記載することで法的な強制力を生じさせるという制度ですから、国選弁護人である弁護士が果たす役割は、本質的には通常の示談交渉と変わるところはないと考えられます。

被疑者との間の示談交渉について、国選弁護事件とは別の民事事件であるとして報酬等の対価を受領することは職務基本規程49条に抵触するものとして許されませんので（**Q195**参照）、刑事和解についても、これと別異に解釈する理由はないと考えられます。

3 損害賠償命令制度 犯罪被害者等保護法の関係では、損害賠償命令の制度（犯罪被害者等保護法23条以下）において代理人となった場合の報酬も問題となりますが、この場合は国選弁護報酬とは別に報酬を受領することも許容されると解されます（解説145頁）。

【Check Point】

□刑事和解の本質は、通常の刑事事件の示談交渉と変わらない。

〔安藤知史〕

Q198: 私選弁護への切替え

国選弁護事件の被告人から、「国選弁護人だと十分な報酬をもらえないようなので色々なことをお願いしにくい。私選弁護人になってほしい」と求められました。被告人の強い要望なので承諾しても問題ないでしょうか。

A: まずは国選弁護人の役割などについて十分に説明をすることが必要です。

〔 解 説 〕

1 私選弁護人選任の働きかけの禁止　国選弁護人に選任された事件について、弁護士が、被告人その他の関係者に対して、その事件の私選弁護人人に選任するように働きかけてはならないとされています（職務基本規程49条2項本文）。ここで禁止されているのは、弁護士が私選弁護人選任を働きかけることですので、たとえば、被告人の自発的な意向に基づいて私選弁護人に切り替え、国選弁護人の解任命令を受けたとしても、直ちにこの規定に違反するものではありません。ただし、弁護士会の中には、会則等で私選弁護への切替えに弁護士会の承認を要するとするものがあります（同項ただし書参照）。

2 私選弁護人への切替えにおける留意点　被告人の側から私選弁護人への切替えを求めた場合に、弁護士がこれに応じることは禁止されませんが、そのような申し出は、報酬額が低い国選弁護人では熱心に弁護をしてもらえないという誤解に基づいていることが少なくありません。したがって、私選弁護人への切替えを希望する被告人に対しては、国選弁護人であっても私選弁護人と何ら変わるところはなく、被告人のために最善の弁護活動をすることを十分に説明すべきであり、被告人からの申し出に安易に応じることは避けなければなりません（解説145頁）。このような説明等をしてもなお被告人が私選弁護人への切替えを望む場合でも、その経緯等を記録に残すなどしておくことが望ましいといえます。

【Check Point】

□被告人が私選弁護人への切替えを希望しても安易に応じない。

［安藤知史］

Q199: プライバシーへの配慮

検察官開示証拠について、その写しを被告人に交付して内容を確認してもらおうと考えています。注意すべき点は何でしょうか。

A: 開示証拠の写しを被告人に交付するにあたっては、刑訴法の規定や取扱い上の注意点を十分に説明することが求められます。

〔 解 説 〕

1 日弁連会規による規律 弁護人が検察官から開示を受けた証拠の写しを被告人に交付するにあたっては、刑訴法281条の4に規定する刑事記録の目的外使用の禁止を受けて制定された日弁連会規「開示証拠の複製等の交付等に関する規程」に留意する必要があります。同規程3条は、被告人に写しを交付する際には、「被告人に対し、複製等に含まれる秘密及びプライバシーに関する情報の取扱いに配慮するように注意を与えなければならない」こと（1項）、開示証拠等の目的外使用の禁止やその罰則に関する刑訴法の規定の内容を説明しなければならないこと（2項）が規定されています。こうした措置をとることなく被告人に刑事事件記録の写しを交付し、懲戒処分を受けた例があります。

2 弁護人がとるべき対応 被告人に開示証拠の写しを交付する際には、秘密やプライバシー情報の取扱いに十分配慮するよう注意を与えなければなりませんが、特にそれらの情報の漏洩に慎重を期する必要がある場合には、被告人の防御権に配慮しつつ、写しに一部マスキングをするなどの対応も考えられます。なお、「開示証拠の複製等の交付等に関する規程」では、被告人以外の者に対して審理準備等のために開示証拠の写しを交付する場合の対応として、審理準備等のための使用を終えた後に速やかに弁護士に返還することを求めることなどが例示されています（同規程4条）。

【Check Point】
□開示証拠の写しを交付する際には厳格な対応が求められる。

〔安藤知史〕

Q200: 刑事訴訟記録の目的外使用

　刑事事件の弁護を担当した被告人が被告となっている損害賠償請求訴訟を受任しています。検察官から開示を受け謄写した刑事事件記録の中に当該民事事件で使える資料があるため、書証として提出したいのですが、問題はないでしょうか。

A: 開示証拠の目的外使用は禁止されていますので、民事事件の書証として提出すべきではありません。

〔 解 説 〕

1 開示証拠の目的外使用禁止　刑訴法 281 条の 4 第 1 項は、弁護人が検察官から被告事件の審理の準備のために開示された証拠を被告事件の審理の準備などの目的以外の目的で使用することを禁じています。したがって、たとえ被告人が被告となっている民事訴訟であっても、当該訴訟の書証として開示証拠の写しを提出することは認められません。

2 懲戒処分例　刑事事件の弁護人から刑事事件記録の提供を受け、それを民事訴訟の代理人となっている弁護士（刑事事件の弁護人とは別の弁護士）が書証として提出したという事案では、刑訴法の規定を十分認識しないまま安易に刑事事件の弁護人に記録の送付を依頼し、当該弁護人に刑訴法違反行為をさせたことは品位を失うべき非行に当たるとして、懲戒処分がなされています。自らが弁護人として開示を受けた証拠でなければ、それを民事訴訟の書証として提出しても、刑訴法の規定に直接触れるものではありませんが、目的外使用を禁じた刑訴法の趣旨からは問題とされる可能性があります。したがって、刑事事件記録を民事訴訟の証拠としたいと考えた場合は、弁護士法 23 条の 2 に基づく照会、刑事確定訴訟記録法に基づく手続、文書送付嘱託などの方法によることを検討すべきです。

【Check Point】

□刑事事件記録は、刑訴法の規定等を十分に理解した上での取扱いが求められる。　　　　　　　　　　　　　　　　　　　　　　［安藤知史］

【著 者】

高中正彦（たかなか・まさひこ）／弁護士（高中法律事務所）
早稲田大学法学部卒業。昭和54年弁護士登録（31期）。
『弁護士法概説〔第5版〕』（三省堂、2020年）、『法曹倫理』（民事法研究会、2013年）、『判例弁護過誤』（弘文堂、2011年）など。

加戸茂樹（かと・しげき）／弁護士（四谷東法律事務所）
中央大学法学部卒業。平成6年弁護士登録（46期）。
『労働法務のチェックポイント（実務の技法シリーズ7）』（共著、弘文堂、2020年）、『条解弁護士法〔第4版〕』（執筆参加、弘文堂、2007年）、『交通事故事件処理マニュアル〔補訂版〕』（共著、新日本法規、2017年）など。

市川　充（いちかわ・みつる）／弁護士（リソルテ総合法律事務所）
東京大学法学部卒業。平成7年弁護士登録（47期）。
『弁護士の失敗学』（共著、ぎょうせい・2014年）など。

安藤知史（あんどう・さとし）／弁護士（大西昭一郎法律事務所）
早稲田大学法学部卒業。平成13年弁護士登録（54期）。
『会社法務のチェックポイント（実務の技法シリーズ1）』（共編著、弘文堂、2019年）、『担当部門別・会社役員の法務必携』（共編著、清文社、2007年）など。

吉川　愛（よしかわ・あい）／弁護士（赤坂見附総合法律会計事務所）
慶應義塾大学法学部卒業。平成16年弁護士登録（57期）
『こんなところでつまずかない！　弁護士21のルール』（共著、第一法規、2015年）、『こんなところでつまずかない！　労働事件21のルール』（共著、第一法規、2019年）など。

【著　者】
髙中　正彦　　弁護士（髙中法律事務所）
加戸　茂樹　　弁護士（四谷東法律事務所）
市川　充　　　弁護士（リソルテ総合法律事務所）
安藤　知史　　弁護士（大西昭一郎法律事務所）
吉川　愛　　　弁護士（赤坂見附総合法律会計事務所）

弁護士倫理のチェックポイント
【実務の技法シリーズ10】

2023(令和5)年7月15日　初版1刷発行

著　者　髙中正彦・加戸茂樹・市川充・安藤知史・吉川愛
発行者　鯉渕友南
発行所　株式会社　弘文堂　　101-0062 東京都千代田区神田駿河台1の7
　　　　　　　　　　　　　　TEL 03(3294)4801　振替 00120-6-53909
　　　　　　　　　　　　　　https://www.koubundou.co.jp
装　丁　青山修作
印　刷　三陽社
製　本　井上製本所

ISBN 978-4-335-31392-9

───── 実務の技法シリーズ ─────

〈OJTの機会に恵まれない新人弁護士に「兄弁」「姉弁」がこっそり教える実務技能〉を追体験できる、紛争類型別の法律実務入門シリーズ。未経験であったり慣れない分野で事件の受任をする際に何が「勘所」なのかを簡潔に確認でき、また、深く争点を掘り下げる際に何を参照すればよいのかを効率的に調べる端緒として、実務処理の「道標」となることをめざしています。

- ☑ 【ケース】と【対話】で思考の流れをイメージできる
- ☑ 【チェックリスト】で「落とし穴」への備えは万全
- ☑ 簡潔かつポイントを押さえた、チェックリスト対応の【解説】
- ☑ 一歩先へと進むための【ブックガイド】と【コラム】

会社法務のチェックポイント　市川　充＝安藤知史　編著
美和　薫＝吉田大輔　著　　　　　　　　　　　A5判　2700円

債権回収のチェックポイント〔第2版〕　市川　充＝岸本史子　編著
國塚道和＝嵯峨谷厳＝佐藤真太郎　著　　　　　A5判　2500円

相続のチェックポイント　高中正彦＝吉川　愛　編著
岡田卓巳＝望月岳史＝安田明代＝余頃桂介　著　A5判　2500円

交通賠償のチェックポイント〔第2版〕　高中正彦＝加戸茂樹　編著
荒木邦彦＝九石拓也＝島田浩樹　著　　　　　　A5判　2800円

破産再生のチェックポイント　高中正彦＝安藤知史　編著
木内雅也＝中村美智子＝八木　理　著　　　　　A5判　2700円

建物賃貸借のチェックポイント　市川　充＝吉川　愛　編著
植木　琢＝小泉　始　著　　　　　　　　　　　A5判　2800円

労働法務のチェックポイント　市川　充＝加戸茂樹　編著
亀田康次＝軽部龍太郎＝高仲幸雄＝町田悠生子　著　A5判　2800円

離婚のチェックポイント　高中正彦＝岸本史子　編著
大森啓子＝國塚道和＝澄川洋子　著　　　　　　A5判　2800円

裁判書類作成・尋問技術のチェックポイント
高中正彦＝加戸茂樹＝市川　充＝岸本史子＝安藤知史＝吉川　愛＝寺内康介　著
　　　　　　　　　　　　　　　　　　　　　　A5判　2500円

弁護士倫理のチェックポイント
高中正彦＝加戸茂樹＝市川　充＝安藤知史＝吉川　愛　著
　　　　　　　　　　　　　　　　　　　　　　A5判　2900円

※表示価格（税別）は2023年5月現在のものです。